www.alfredverlag.de

GARANTIERT GITARRE LERNEN FÜR KINDER
ISBN-10: 3-933136-29-6
ISBN-13: 978-3-933136-29-9
Bestell-Nr. ALF 20112G

unter Verwendung von Auszügen der amerikanischen Originalausgabe von
ALFRED'S KID'S GUITAR COURSE Vol. 1 und Vol. 2 - Der leichtesten Gitarrenmethode, die es je gab!
von Ron Manus und Link C. Harnsberger
erschienen 2003 / 2005 in der ALFRED PUBLISHING CO., INC., Van Nuys, CA, U.S.A.
Best.-Nr.: 18451 ISBN 0-88284-989-1 (Vol. 1)
Best.-Nr.: 18448 ISBN 0-88284-987-5 (Vol. 2)

Printed in Germany

Covergestaltung: Petra Weißenfels, Neustadt/Wied
Illustrationen: Jeff Shelly
Fotonachweis: Alfred Publishing Verlags GmbH (S. 10, 27, 37 links, 71, 76)
Fa. Höfner (S. 6)
alle anderen: Karen Miller
Konzeption, Lektorat & Redaktion: Thomas Petzold

Dank an:
Noah Wickel für das Modell sitzen und stehen
Olaf Satzer für die Gitarrenmaus
Katharina Haas für den vorzüglichen Gesang
Thomas Jordan (Fa. Höfner) für die Gitarrenfotos
Daisy Rock Guitars für die coolen Gitarrenmodelle (www.daisyrock.com)
Norbert Roschauer, Viernheim, für die CD-Aufnahmen

Inhaltsverzeichnis

Liebe Gitarrenlehrer, liebe Eltern!

GARANTIERT GITARRE LERNEN FÜR KINDER ist speziell für Kinder ab einem **Alter von sechs Jahren** entwickelt worden.

Auf einfache und **kindgerechte Weise** werden dem Schüler Schritt für Schritt die **Grundlagen des Gitarrenspiels vermittelt.**

Auch die Eltern können, **ohne musikalische Vorkenntnisse** mitbringen zu müssen, dem Unterrichtsgeschehen folgen. So können sie ihrem Kind auch zu Hause beim Üben hilfreich zur Seite zu stehen.

Auf eine Überfrachtung mit theoretischen Begriffen wurde bewusst verzichtet. Der Schüler lernt nur das, was er zum Spielen seiner ersten Akkorde und Melodien benötigt. Durch diese Vereinfachung des Lernens stellen sich schneller **Erfolgserlebnisse** ein. Die **Motivation** wird aufrecht erhalten und der Schüler entwickelt einfach mehr **Spaß am Üben.**

GARANTIERT GITARRE LERNEN FÜR KINDER setzt keine musikalischen Kenntnisse des Schülers voraus. Alles, was er mitbringen muss, ist eine Gitarre sowie Zeit zum Üben.

In kleinen überschaubaren Schritten lernt der Schüler die **Einsatzmöglichkeiten der Gitarre** kennen. Am Beispiel von **mehr als sechzig Kinderliedern**, deren Schwierigkeitsgrad langsam, aber stetig ansteigt, unternimmt der Schüler eine Reise durch die bunte Welt der Kinderlieder.

Auf dieser Reise wird der Schüler von **Olli, der Gitarrenmaus,** und seinen Freunden begleitet. Sie machen auf wichtige Dinge aufmerksam auf und helfen, die einzelnen Reisestationen zu erreichen. Am Ende jeder Etappe steht ein **kleines Quiz** zur Lernzielkontrolle.

Der **erste Teil** dieser Reise führt in die Region des **einfachen Akkordspiels.** Anhand einfacher Kinderlieder deutscher und internationaler Herkunft lernt der Schüler die ersten Akkordgriffe zur **Liedbegleitung.** Die Einführung erster Notenwerte bereitet das Noten lesen im zweiten Teil vor.

Der **zweite Teil** hat das **Melodiespiel nach Noten** zum Schwerpunkt. Saite für Saite werden die wichtigsten Töne der ersten Lage erarbeitet. Sie finden Anwendung in bekannten und lustigen Kinderliedern und werden von Anfang an mit dem bereits bekannten Akkordspiel kombiniert.

Auf der **beiliegenden CD** sind alle Kinderlieder in **anfängergerechtem Tempo** eingespielt. Die Lieder zur Liedbegleitung sind zusätzlich von Katharina, einer zehnjährigen Gitarrenschülerin, eingesungen.

Viele anschauliche Fotos, kindgemäße Illustrationen, Tipps und Hinweise helfen, Spielfehler zu vermeiden. Das erspart unnötige Umwege und führt schnell zum Ziel, wo den Schüler eine angemessene Belohnung erwartet:

Das **GARANTIERT GITARRE LERNEN DIPLOM** in Form einer **persönlichen Urkunde** sowie die Befähigung, mit **Band 2** fortzufahren!

Darüber hinaus bietet **GARANTIERT GITARRE LERNEN FÜR KINDER** einen speziellen **Online-Service** mit der Internet-Unterstützung auf **www.gitarre-fuer-kinder.de**. Hier stehen weitere Informationen zum Thema Gitarre, die Quizlösungen sowie MP3-Aufnahmen zum Download bereit.

Viel Spaß und Erfolg mit **GARANTIERT GITARRE LERNEN FÜR KINDER!**

Hallo! Klasse, dass du Gitarre spielen willst!

Ich bin **Olli, die Gitarrenmaus!** Zusammen mit meinen Freunden möchte ich dich auf deinem Weg zum GARANTIERT GITARRE LERNEN DIPLOM begleiten.

Die Gitarre ist ein Instrument, das riesig Spaß macht. Diesen Spaß wollen wir dir mit GARANTIERT GITARRE LERNEN FÜR KINDER bereiten. Bereits nach kurzer Zeit wirst du Lieder auf der Gitarre spielen können. Jedes Kapitel ist **leicht verständlich** erklärt, und auf der **Begleit-CD** kannst du dir immer anhören, wie die Musik klingen soll.

Meine Freunde und ich nehmen dich mit auf eine Reise durch die bunte Welt der Kinderlieder. Mehr als **60 Kinderlieder** lernst du auf dieser Reise kennen. Du wirst sie auf der Gitarre mit **Akkordgriffen** begleiten und ihre **Melodien nach Noten** spielen können.

Auf dieser Reise werden wir dich auf die wichtigen Dinge in jedem Kapitel aufmerksam machen und dir helfen, die einzelnen Stationen deiner Reise zu erreichen, Am Ende jeder Etappe steht ein **kleines Quiz**, in dem du die einzelnen Reiseabschnitte noch einmal im Rückblick erleben kannst. Die Quizfragen wirst du leicht beantworten können. Weitere Hilfe findest du auf <u>www.gitarre-fuer-kinder.de</u> im Internet.

Zum Abschluss deiner Reise erwartet dich eine **Gitarren-Urkunde**, die dir bescheinigt, dass du diesen Gitarrenkurs erfolgreich abgeschlossen hast.

Viel Spaß und Erfolg mit GARANTIERT GITARRE LERNEN FÜR KINDER wünschen dir

Olli und seine Freunde!

Ob GROSS - ob KLEIN - die richtige Größe muss es sein!

Die Gitarrengröße sollte immer an deine Körpergröße angepasst sein.

Achte auch auf:
1. Mensur (Saitenlänge)
2. Halsdicke

Sie sollten der Größe deiner Hände angepasst sein, damit dir das Greifen nicht unnötig schwer fällt.

Gitarren gibt es in verschiedenen Formen und Größen. Kleine Hände benötigen eine kleine Gitarre, große Hände eine große. Um sicher zu gehen, solltest du dich mit deinen Eltern in deinem örtlichen Musikgeschäft beraten lassen, ob deine Gitarre die für dich richtige Größe hat.

Die folgende Übersicht soll dir bei der richtigen Auswahl der geeigneten Gitarrengröße helfen:

Zu groß!

Genau richtig!

Viertelgröße (1/4)
Alter: ca. 4 - 7 Jahre
Größe: ca. bis 1,10 m

Mensur:
45 - 48 cm
Halsdicke:
18 - 19 mm

Halbe Größe (1/2)
ca. 7 - 10 Jahre
ca. 1,10 - 1,30 m

Mensur:
53 - 55 cm
Halsdicke:
19 - 20 mm

Dreiviertel Größe (3/4)
ca. 8 - 11 Jahre
ca. 1,20 - 1,40 m

Mensur:
57 - 61 cm
Halsdicke:
20 - 21 mm

Siebenachtel (7/8)
ca. 10 - 13 Jahre
ca. 1,30 - 1,50 m

Mensur:
61 - 63 cm
Halsdicke:
21 - 22 mm

Standardgröße (4/4)
ab 13 Jahre
ab 1,50 m

Mensur:
63 - 65 cm
Halsdicke:
21 - 22 mm

Die Akustik Gitarre

Die E-Gitarre

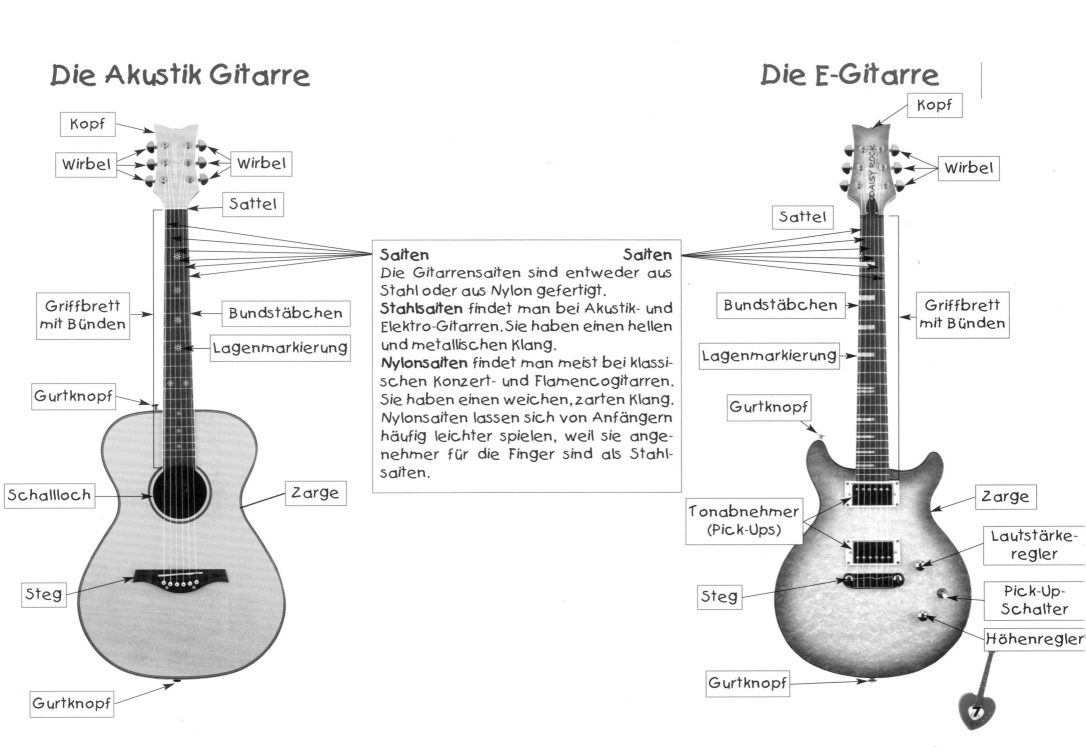

Kopf

Wirbel — **Wirbel**

Kopf

Wirbel

Sattel

Sattel

Griffbrett mit Bünden

Bundstäbchen

Lagenmarkierung

Gurtknopf

Schallloch

Zarge

Steg

Gurtknopf

Bundstäbchen

Griffbrett mit Bünden

Lagenmarkierung

Gurtknopf

Tonabnehmer (Pick-Ups)

Zarge

Lautstärke-regler

Steg

Pick-Up-Schalter

Höhenregler

Gurtknopf

Saiten   **Saiten**

Die Gitarrensaiten sind entweder aus Stahl oder aus Nylon gefertigt.
Stahlsaiten findet man bei Akustik- und Elektro-Gitarren. Sie haben einen hellen und metallischen Klang.
Nylonsaiten findet man meist bei klassischen Konzert- und Flamencogitarren. Sie haben einen weichen, zarten Klang. Nylonsaiten lassen sich von Anfängern häufig leichter spielen, weil sie angenehmer für die Finger sind als Stahlsaiten.

Die Pflege der Gitarre

Lerne deine Gitarre kennen und behandele sie wie einen Freund. Wenn du sie trägst, solltest du sie dir als Teil deines Körpers vorstellen, damit du mit ihr nicht aus Versehen gegen eine Wand oder ein Möbelstück stößt. Vor allem solltest du sie nicht fallen lassen! Wische nach jedem Spielen die Gitarrensaiten mit einem weichen Tuch sorgfältig ab und lege sie wieder in den Gitarrenkoffer oder in deine Gitarrentasche.

Das Stimmen der Gitarre

Zuerst solltest du nachsehen, ob die Saiten richtig um die Wirbel gewickelt sind. Sie sollten von innen nach außen verlaufen wie auf dem Bild. Bei einigen Gitarren sind alle sechs Wirbel auf derselben Seite des Kopfes.

Wenn man einen Wirbel **im Uhrzeigersinn** dreht, wird der Klang **tiefer**. Dreht man **gegen den Uhrzeigersinn**, wird er **höher**. Pass auf, dass du die Saiten nicht zu hoch stimmst, weil sie dann reißen können!

höher   höher

4. Saite D-Saite   3. Saite G-Saite

tiefer   tiefer

5. Saite A-Saite   2. Saite H-Saite

6. Saite tiefe E-Saite   1. Saite hohe E-Saite

Tipp:

Die **dünnste Saite** klingt am höchsten, ist aber dem **Fußboden** am nächsten (1. Saite = hohe E-Saite).
Die **dickste Saite** klingt am tiefsten, ist aber der **Zimmerdecke** am nächsten (6. Saite = tiefe E-Saite).
Wenn Gitarristen also von der „höchsten Saite" sprechen, meinen sie die Saite, die am höchsten klingt.

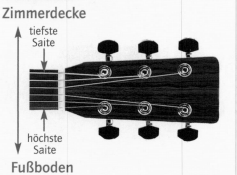

Zimmerdecke

EINE
ALTE
DAME
GEHT
HAMBURGER
ESSEN

tiefste Saite

höchste Saite

Fußboden

8

Stimmen mit der CD

 Lege die CD in deinen CD-Player oder in das CD-Laufwerk deines Computers. Spiele Beispiel 1 und 2 ab. Höre dir die Anweisungen an und stimme jede Gitarrensaite in der Tonhöhe wie du sie auf der CD hörst.

Stimmen mit dem Stimmgerät

Einfacher geht es mit einem Stimmgerät mit eingebautem Mikrofon. Du brauchst dann nur jede Saite einzeln anzuschlagen. Der Zeiger im Fenster des Stimmgeräts zeigt an, ob die Saite zu hoch oder zu tief klingt. Befindet sich der Zeiger in der Nullstellung (Mitte), dann ist die Saite richtig gestimmt. Klingt die Saite zu tief, muss die Spannung der Saite erhöht werden (Wirbel gegen den Uhrzeigersinn drehen). Klingt die Saite zu hoch, musst du die Spannung der Saite nachlassen (Wirbel im Uhrzeigersinn drehen).

Die Gitarre in sich stimmen

Du kannst deine Gitarre auch anders stimmen. Stimme zuerst die sechste Saite nach dem E auf dem Klavier und folge dann den Anweisungen auf der rechten Seite, um die Gitarre zu stimmen.

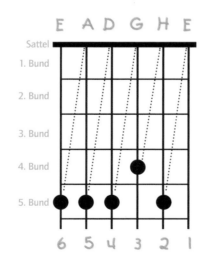

Stimmen der A-Saite: Greife mit dem Zeigefinger im 5. Bund der tiefen E-Saite (6. Saite). Drehe nun solange am Wirbel der A-Saite (5. Saite), bis beide Töne gleich klingen!

Stimmen der D-Saite: Greife mit dem Zeigefinger im 5. Bund der A-Saite (5. Saite). Drehe nun solange am Wirbel der D-Saite (4. Saite), bis beide Töne gleich klingen!

Stimmen der G-Saite: Greife mit dem Zeigefinger im 5. Bund der D-Saite (4. Saite). Drehe nun solange am Wirbel der G-Saite (3. Saite), bis beide Töne gleich klingen!

Stimmen der H-Saite: Greife mit dem Zeigefinger im 4. Bund der G-Saite (3. Saite). Drehe nun solange am Wirbel der H-Saite (2. Saite), bis beide Töne gleich klingen!

Stimmen der hohen E-Saite: Greife mit dem Zeigefinger im 5. Bund der H-Saite (2. Saite). Drehe nun solange am Wirbel der hohen E-Saite (1. Saite), bis beide Töne gleich klingen!

Haltung bewahren

Halte die Gitarre so, wie es für dich am bequemsten ist. Beachte die Vor- und Nachteile!

Im Sitzen mit Fußbank

Vorteile:
1. Stabile Sitzposition;
2. Gitarre in der Mitte des Körpers

Im Sitzen ohne Fußbank

Nachteil: Gitarre rechts von der Mitte des Körpers

Im Stehen mit Gurt

Vorteil:
Aufrechte Haltung;
Nachteil:
Verspannungen im Schulterbereich

Im Sitzen mit übereinander geschlagenen Beinen

Nachteile:
1. wenig stabile Sitzposition;
2. Rechtes Bein schläft ein;
3. Verspannungen im Schulterbereich

Der Saitenanschlag (rechte Hand)

Du schlägst die Saiten mit der rechten Hand an, indem du schnell über sie hinwegstreichst. Dafür gibt es zwei übliche Möglichkeiten:

1. Anschlag mit den Fingern:

Zuerst musst du herausfinden, ob du lieber mit der Daumenseite oder dem Fingernagel des Zeigefingers anschlägst.

Schlage nun von der sechsten Saite (der dicksten Saite mit dem tiefsten Klang) zur ersten Saite (der dünnsten Saite mit dem höchsten Klang).

2. mit einem Plektrum:

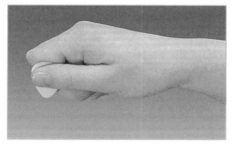

Halte das Plektrum zwischen Daumen und Zeigefinger. Halte es fest, ohne zu verkrampfen.

Ein Plektrum ist ein dreieckiges Kunststoff-plättchen, mit dessen spitzer Seite die Saiten angeschlagen werden.

Die Schlagbewegung ist die selbe wie beim Fingeranschlag - von der sechsten Saite bis zur ersten Saite.

Daumenanschlag
Die Kuppe deines recht-en Daumens fährt über die Saiten.

Fingernagelanschlag
Der Fingernagel deines rechten Zeigefingers fährt über die Saiten.

Plektrumanschlag
Beginne auf der 6. Saite ...

Plektrumanschlag
... und fahre über die Saiten bis zur 1. Saite.

Tipp:

Bewege hauptsächlich das Handgelenk. Nicht nur den Arm! Führe die Bewegungen so sparsam wie möglich aus. Beginne möglichst nahe an der sechsten Saite und bewege deine Hand nicht über den Rand hinaus.

Jetzt geht's los ...

Schlage alle sechs Saiten langsam und gleichmäßig an. Zähle beim Spielen alle Schläge laut mit. Auf der CD werden vier Schläge vorgezählt. Danach beginnst du!

Wiederhole diese Übung, bis du die Saiten sicher anschlagen kannst.

Achte darauf, dass du jeden Schlag locker aus dem Handgelenk ausführst!

Hörbeispiel 3

Schrum	schrum	schrum	schrum	schrum	schrum	schrum	schrum
/	/	/	/	/	/	/	/

Zähle: 1   2   3   4   5   6   7   8

Die Rhythmusschreibweise

Taktschläge

Jeder einzelne Anschlag entspricht einem **Taktschlag**.
Taktschläge sind so gleichmäßig wie das Ticken einer Uhr.

Tick - tack - tick - tack

Musik kann man auch aufschreiben. Dafür benötigt man:

A. fünf Notenlinien:

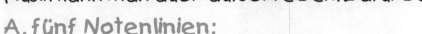

5
4
3
2
1

B. einen Notenschlüssel:

12

C. Taktstriche:

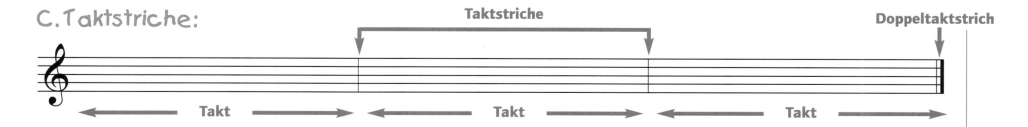

Taktstriche teilen das Notenliniensystem in gleich lange Teile, die **Takte** genannt werden. Am Ende steht ein Doppelstrich, um anzuzeigen, dass das Musikstück zu Ende ist.

D. Taktart:

Jeder Takt enthält *immer* eine bestimmte Anzahl von Schlägen. Wie viele Taktschläge ein Takt enthält, kannst du an der Angabe der Taktart erkennen, die *immer* am Anfang der Noten steht. Ein $\frac{4}{4}$-Takt („Viervierteltakt") bedeutet, dass jeder Takt **vier gleich lange Schläge** enthält.

Die Viertelnote
(in Rhythmusschreibweise)

Schrägstrich

Hals

1 Viertel = 1 Anschlag

Schlage jetzt in jedem Takt **vier Mal** an und zähle laut mit.

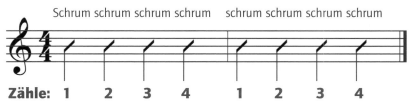

Das Notenbeispiel zeigt die vier gleich langen Schläge pro Takt an. Jeder Schlag entspricht einer **Viertelnote**, also dem vierten Teil eines ganzen Taktes. Wie vier gleich große Pizzastücke auf deinem Pizzateller.

13

Zeit zum Spielen

Hör dir jetzt **Beispiel 4** auf der CD an. Dort habe ich den $\frac{4}{4}$-Takt in zwei verschiedenen Versionen aufgenommen. Die erste hast du gerade gespielt. Vier gleichmäßige Schläge in jedem Takt über alle **sechs** Saiten. Spiele jetzt mit der CD. Achte darauf, die Schläge gleichmäßig auszuführen und zähle laut mit.

Bei der zweiten Version musst du genauer zielen. Du beginnst jeden Schlag erst auf der 3. Saite, der G-Saite. Das heißt, du fährst deinen Anschlag über die **drei hohen** Saiten, die G-, die H- und die hohe E-Saite. Das Foto veranschaulicht, wo dein Anschlag beginnt.

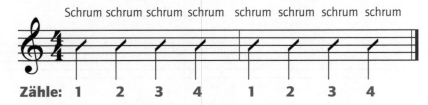

Schrum schrum schrum schrum   schrum schrum schrum schrum

Zähle: 1   2   3   4   1   2   3   4

Anschlag über 3 Saiten

Kleines Quiz 1

1. Welche Saite ist die höchste Saite?

☐ 6. Saite (E)
☐ 4. Saite (D)
☐ 1. Saite (E)

3. Welche Saite ist die tiefste Saite?

☐ 6. Saite (E)
☐ 5. Saite (A)
☐ 1. Saite (E)

2. Trage die richtige Bezeichnung ein!

Die richtigen Antworten findest du im Internet auf www.gitarre-fuer-kinder.de!

14

Die linke Hand

Handstellung

Mit einer guten Handstellung lernst du ganz leicht, mit den Fingern der linken Hand zu spielen.

Lege deinen **Daumen** bequem in die Mitte auf der Rückseite des Gitarrenhalses. Deine Finger setzen auf dem Griffbrett auf. Deine Hand ist gewölbt, so als ob du einen **Ball** zwischen Fingern und Daumen umschließen würdest.

Der **Ellbogen** zeigt nach innen, und die Finger sollten *immer* so gekrümmt sein, dass die **Fingerkuppe aufrecht** auf eine Saite drückt, ohne eine andere zu berühren.

Um einen sauberen Ton zu erzeugen, greift Deine Fingerkuppe so **nah am Bundstäbchen** wie möglich, ohne es jedoch direkt zu berühren. **Kurze Fingernägel** an der linken Hand sind wichtig! Nur so entsteht ein reiner, klarer Ton.

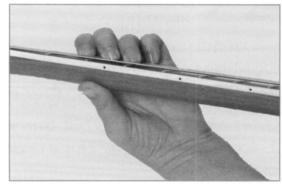

Daumen in der Mitte!
Die Hand hält einen Ball!

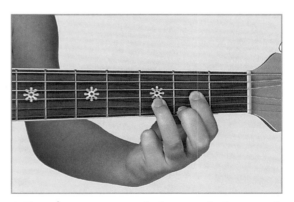

Ellenbogen zeigt nach innen!
Die Fingerkuppen aufrecht!

Richtig!
Finger greift **nah am** Bundstäbchen

Ungünstig
Finger greift **zu weit** vom Bundstäbchen entfernt

Ungünstig
Finger greift **auf** dem Bundstäbchen

Das Griffdiagramm

Hier siehst du deinen ersten Akkord als **Griffdiagramm**. Griffdiagramme zeigen an, auf welcher Saite die Finger greifen.

Die Abbildung rechts zeigt die sechs Saiten der Gitarre. Links die tiefe E-Saite (6 = dicke Saite) und rechts die hohe E-Saite (1 = dünne Saite). Die gestrichelten Linien bedeuten, dass diese Saiten nicht gespielt werden. Das **X** ebenso. Die **O** (Null) zeigt an, dass die Saiten <u>nicht</u> gegriffen, aber angeschlagen werden (Leersaite).

Der schwarze Kreis mit der weißen Ziffer (**1**) bedeutet, dass der Zeigefinger (erster Finger) auf der H-Saite (2. Saite) im ersten Bund greift.

Jedem Finger der linken Hand wird eine **Zahl** zugeordnet:

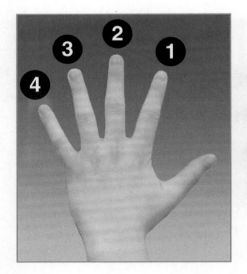

1 = Zeigefinger (1. Finger)

2 = Mittelfinger (2. Finger)

3 = Ringfinger (3. Finger)

4 = kleiner Finger (4. Finger)

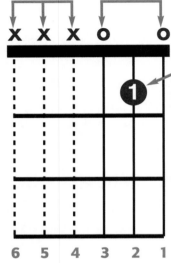

Diese Saiten nicht anschlagen

Leersaiten, die angeschlagen werden

Zeigefinger greift im 1. Bund auf der H-Saite

1 = Zeigefinger

X = diese Saite nicht anschlagen

┊ = diese Saite nicht anschlagen

O = leere Saite

16

Der einfache C-Akkord

Greife nun - wie im Griffdiagramm und auf dem Foto dargestellt - mit dem **Zeigefinger** ❶ im **ersten Bund** der **H-Saite** und schlage nur die **dünnen drei Saiten** (G-, H- und hohe E-Saite) an. Beachte, dass du nah genug am Bundstäbchen greifst, damit der Ton sauber klingt. Setze die Fingerkuppe aufrecht auf, sodass sie nicht die E-Saite unfreiwillig abdämpft!

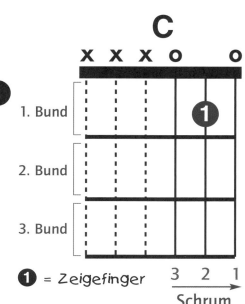

❶ = Zeigefinger

Ein Akkord besteht aus wenigstens drei Tönen!

Schlage nun auf jeder Viertel (♩) den C-Akkord über die drei dünnen Saiten an. Achte darauf, immer gleichmäßig anzuschlagen. Zähle beim Spielen laut mit:

1 - 2 - 3 - 4 | 1 - 2 - 3 - 4 .

Mein erster Akkord

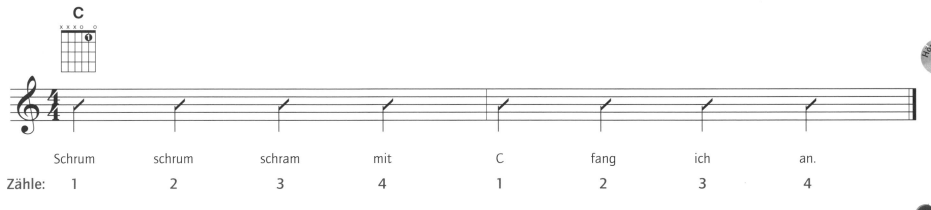

Mein erstes Lied

Mit dem einfachen **C-Akkord** kannst du nun dein erstes Lied begleiten. **Bruder Jakob**, einen Kanon, der auch in Frankreich gern gesungen wird. Den französischen Text habe ich dir unter den deutschen gesetzt.

Du greifst den einfachen C-Akkord und schlägst die **dünnen drei Saiten** (G-, H- und hohe E-Saite) auf jeder Viertel an. Ganz einfach!

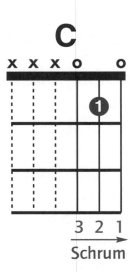

C

3 2 1

Schrum

Bruder Jakob

Kanon aus Frankreich

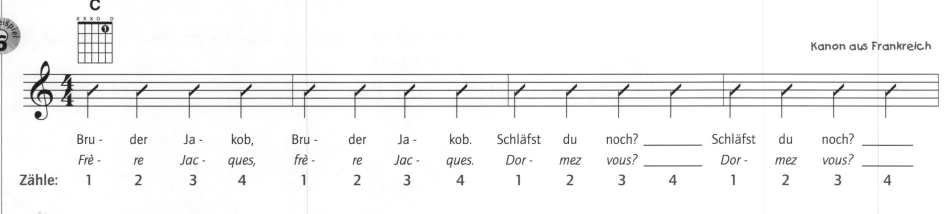

	Bru -	der	Ja -	kob,	Bru -	der	Ja -	kob.	Schläfst	du	noch? _____	Schläfst	du	noch? _____
	Frè -	*re*	*Jac -*	*ques,*	*frè -*	*re*	*Jac -*	*ques.*	*Dor -*	*mez*	*vous?*	*Dor -*	*mez*	*vous?*
Zähle:	1	2	3	4	1	2	3	4	1	2	3 4	1	2	3 4

Hörst du nicht die	Glo -	cken?	Hörst du nicht die	Glo -	cken?	Ding	ding	dong. _____	Ding	ding	dong. _____
Sonnez les ma -	*tin -*	*es.*	*Sonnez les ma -*	*tin -*	*es.*	*Ding*	*dong*	*ding.*	*Ding*	*dong*	*ding.*
1 2	3	4	1 2	3	4	1	2	3 4	1	2	3 4

Hörbeispiel 6

18

Die Viertelpause

Dieses musikalische Zeichen bedeutet einen Schlag lang **Stille**.

Stoppe den Klang der Saiten, indem du deine **Handkante** - wie auf dem Foto - kurz vor dem Steg auf die Saiten auflegst.

Diese kurze Berührung unterbricht die Schwingung der Saiten und bringt sie zum Schweigen. Probiere das in der folgenden Übung und im Pausenlied!

Die Viertelpause

1 Viertelpause = 1 Schlag Stille

Hörbeispiel **7**

C

Zähle: 1   2   3   Stopp!   1   2   3   Stopp!

Übe solange, bis du das Abdämpfen sicher beherrschst. Spiele erst dann das Pausenlied.

Das Pausenlied

C

Text & Musik: Tom Pold

Hörbeispiel **8**

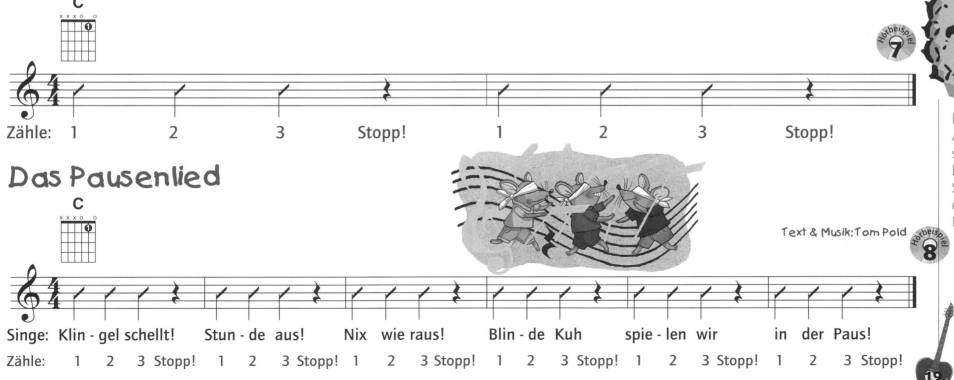

Singe: Klin - gel schellt!   Stun - de aus!   Nix wie raus!   Blin - de Kuh   spie - len wir   in der Paus!

Zähle: 1 2 3 Stopp! 1 2 3 Stopp! 1 2 3 Stopp! 1 2 3 Stopp! 1 2 3 Stopp! 1 2 3 Stopp!

19

Der einfache G7-Akkord

Greife jetzt mit dem **Zeigefinger** ❶ im **ersten Bund** auf der **ersten Saite**, der hohen E-Saite (siehe Foto) und schlage wieder nur die drei hohen Saiten (3 - 2 - 1) an.

Mein zweiter Akkord

G7
x x x o o

1. Bund ❶

2. Bund

3. Bund

→ Schrum

Sprich: Sai - te eins im er - sten Bun - de.
Zähle: 1 2 3 4 1 2 3 4

Jetzt ist **Akkordwechsel** angesagt. Vor jedem neuen Akkord gibt dir eine Viertelpause Zeit dafür. Also nicht vergessen, den Klang der Saiten mit der Handkante für einen Schlag zu stoppen.

Wechsel-Song

Solange kein neuer Akkord angegeben ist, vorherigen Akkord beibehalten!

Singe: Ak - kord eins, Ak - kord zwei. Wech - seln bringt Spaß für drei!
Zähle: 1 2 3 (4) 1 2 3 (4) 1 2 3 (4) 1 2 3 (4)

Komm, wir tanzen rundherum

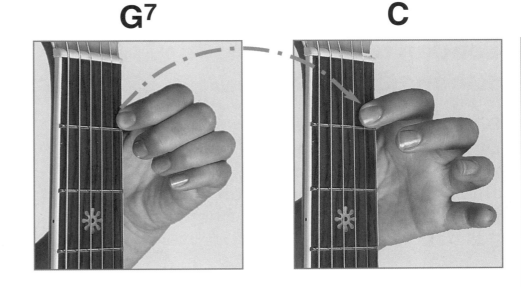

Tipp:

Um in den beiden letzten Takten schnell von G7 zu C zu wechseln, bewegst du den Finger einfach von Saite 1 auf Saite 2 — das ist ganz einfach! Ein paar Mal üben, dann klappt's!

Musik: Traditional aus: Goodnight Ladies
Text: Tom Pold

Solange kein neuer Akkord angegeben ist, vorherigen Akkord beibehalten!

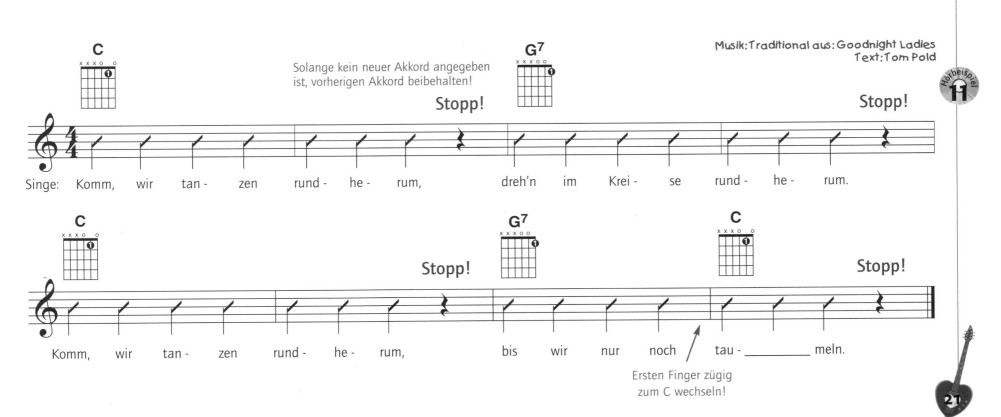

Singe: Komm, wir tan - zen rund - he - rum, dreh'n im Krei - se rund - he - rum.

Komm, wir tan - zen rund - he - rum, bis wir nur noch tau - _____ meln.

Ersten Finger zügig zum C wechseln!

21

London ist 'ne schöne Stadt

Die Melodie dieses Liedes kommt aus England. Der englische Text handelt von einer Brücke in London, die einzustürzen droht. Den englischen Text habe ich dir unter den deutschen gesetzt.

Spiellied aus England
Deutscher Text: Tom Pold

C   **G⁷**   **C**

Stopp!   Stopp!   Stopp!

Singe: Lon - don ist 'ne schö - ne Stadt, schö - ne Stadt, schö - ne Stadt.
englisch: Lon - don Bridge is fal - ling down, fal - ling down, fal - ling down.

Solange kein neuer Akkord angegeben ist, vorherigen Akkord beibehalten!

G⁷   **C**

Stopp!   Stopp!

Häu - fig schö - nes Wet - ter hat, Wind _____ und Re - gen.
Lon - don Bridge is fal - ling down, my _____ fair la - dy.

Ersten Finger zügig zum C-Akkord wechseln!

22

Der einfache G-Akkord

Greife mit dem **Ringfinger** ❸ im **dritten Bund** auf der **ersten Saite**, der hohen E-Saite (siehe Foto) und schlage wieder nur die drei hohen Saiten (3 - 2 - 1) an.

Mein dritter Akkord

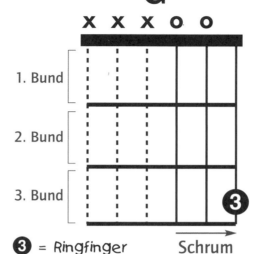

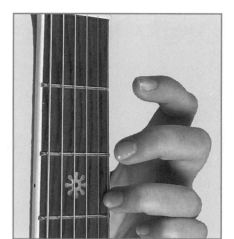

❸ = Ringfinger   Schrum

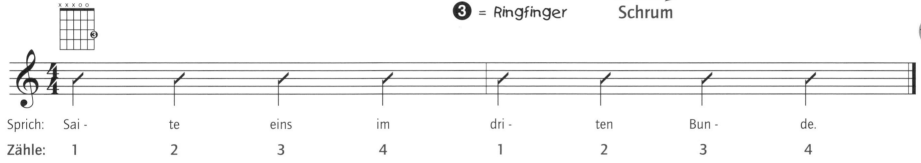

Sprich:	Sai -	te	eins	im	dri -	ten	Bun -	de.
Zähle:	1	2	3	4	1	2	3	4

Ampellied

Text & Musik: Tom Pold

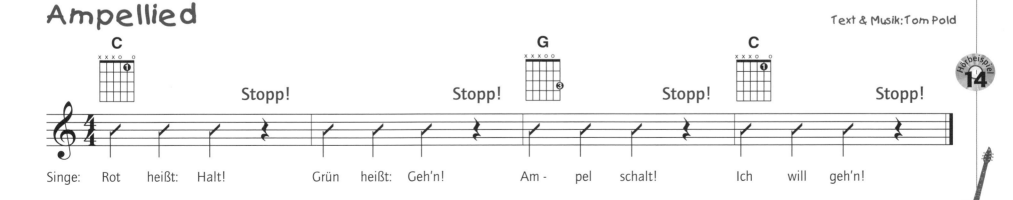

Singe: Rot heißt: Halt!   Grün heißt: Geh'n!   Am - pel schalt!   Ich will geh'n!

Stopp!   Stopp!   Stopp!   Stopp!

23

Drei Akkorde in einem Lied

Das nächste Lied enthält schon drei Akkorde. Das bedeutet, du musst häufiger wechseln. Deshalb solltest du zuerst ganz langsam spielen, damit alle Töne rein klingen. Vergiss nicht, bei den Viertelpausen jeweils einen Schlag lang auszusetzen, während du zu einem neuen Akkord wechselst.

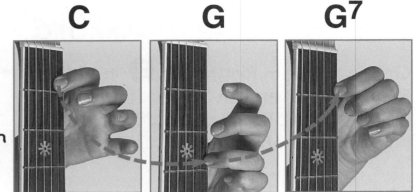

Sur le pont d'Avignon

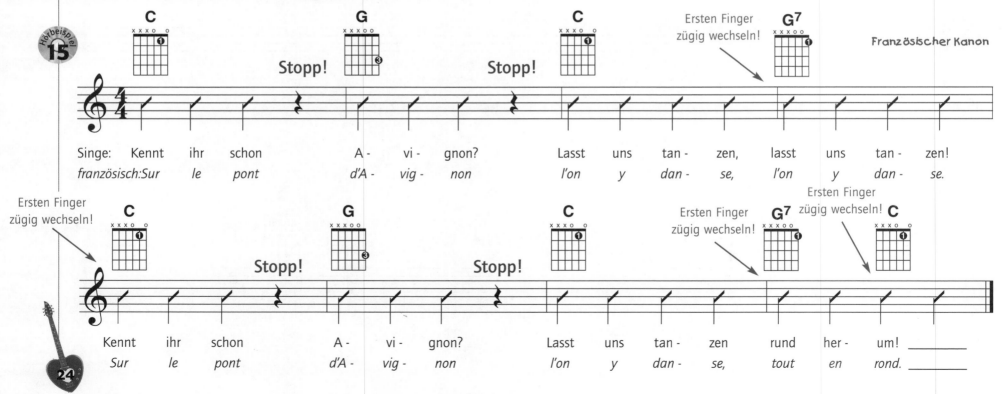

Französischer Kanon

Singe: Kennt ihr schon A - vi - gnon? Lasst uns tan - zen, lasst uns tan - zen!
französisch: Sur le pont d'A - vig - non l'on y dan - se, l'on y dan - se.

Kennt ihr schon A - vi - gnon? Lasst uns tan - zen rund her - um! ____
Sur le pont d'A - vig - non l'on y dan - se, tout en rond. ____

24

Das Wiederholungszeichen :|

Ab jetzt kannst du eine Liedmelodie zwei oder mehrere Male hinter einander spielen, ohne dazwischen eine Pause zu machen. Der **Doppelpunkt** links von dem Doppelstrich am Ende der Noten zeigt diese Wiederholung an.

Mary, komm, wir rudern raus (Merrily we roll along)

aus: Goodnight Ladies
(Traditional)
Deutscher Text: Tom Pold

Singe: Ma - ry, komm wir ru - dern raus, ru - dern raus, ru - dern raus.
englisch: Mer - ri - ly we roll a - long, roll a - long, roll a - long.

Von Anfang wiederholen!

Ma - ry, komm wir ru - dern raus, auf die ho - he See. _____
Mer - ri - ly we roll a - long o'er the deep blue sea. _____

25

Hänsel und Gretel

Kinderlied
mündlich überliefert

Einmal von Anfang wiederholen,
dann weiter spielen!

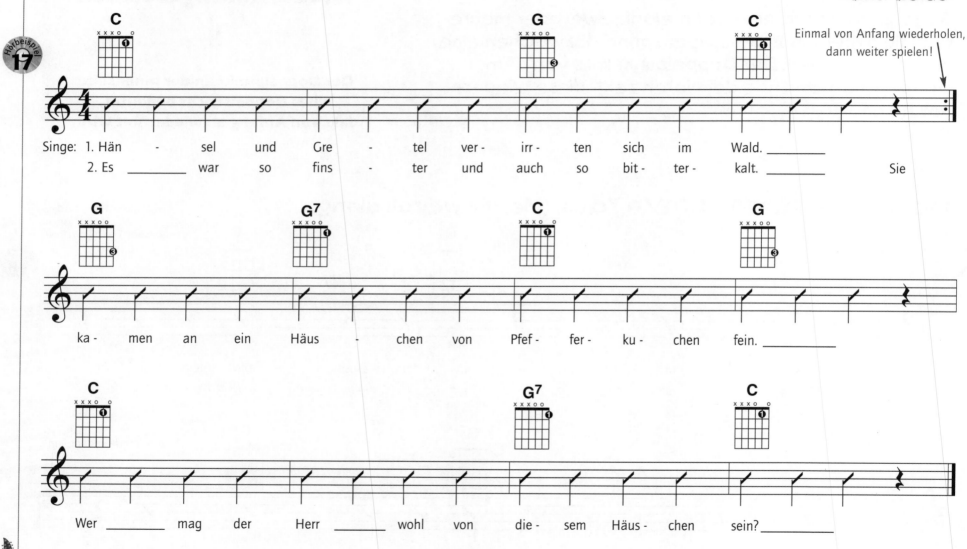

Singe: 1. Hän - sel und Gre - tel ver - irr - ten sich im Wald. _____
2. Es _____ war so fins - ter und auch so bit - ter - kalt. _____ Sie

ka - men an ein Häus - chen von Pfef - fer - ku - chen fein. _____

Wer _____ mag der Herr _____ wohl von die - sem Häus - chen sein? _____

26

Zwei einfache Moll-Akkorde

Für den **A-Moll Akkord (Am)** benötigst du zum ersten Mal **zwei Finger** der linken Hand. Mit dem **Zeigefinger** ❶ drückst du - wie beim C-Akkord - die **H-Saite** im **ersten Bund** hinunter. Der Mittelfinger ❷ greift im **zweiten Bund** der G-Saite. Schlage mit der rechten Hand nur die Saiten 3 — 2 — 1 an.

Der **Em Akkord (Em)** ist einfach! Alle drei Saiten werden leer angeschlagen. Du brauchst also nur alle Finger von den Saiten abzuheben!

Am

				o
1. Bund				❶
2. Bund			❷	
3. Bund				

Schrum

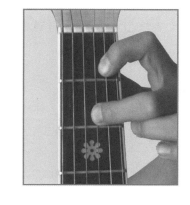

❶ = Zeigefinger
❷ = Mittelfinger

Em

x x x o o o

1. Bund				
2. Bund				
3. Bund				

Schrum

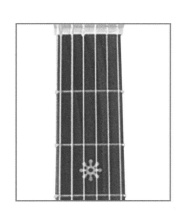

Mein vierter und fünfter Akkord

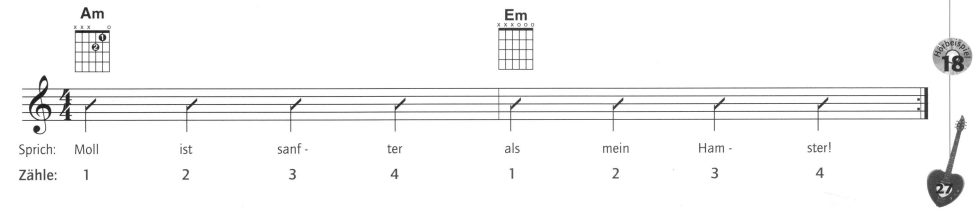

Am · Em

Sprich: Moll ist sanf- ter als mein Ham- ster!

Zähle: 1 2 3 4 1 2 3 4

The Drunken Sailor

Shanty aus den USA
Deutscher Text: Tom Pold

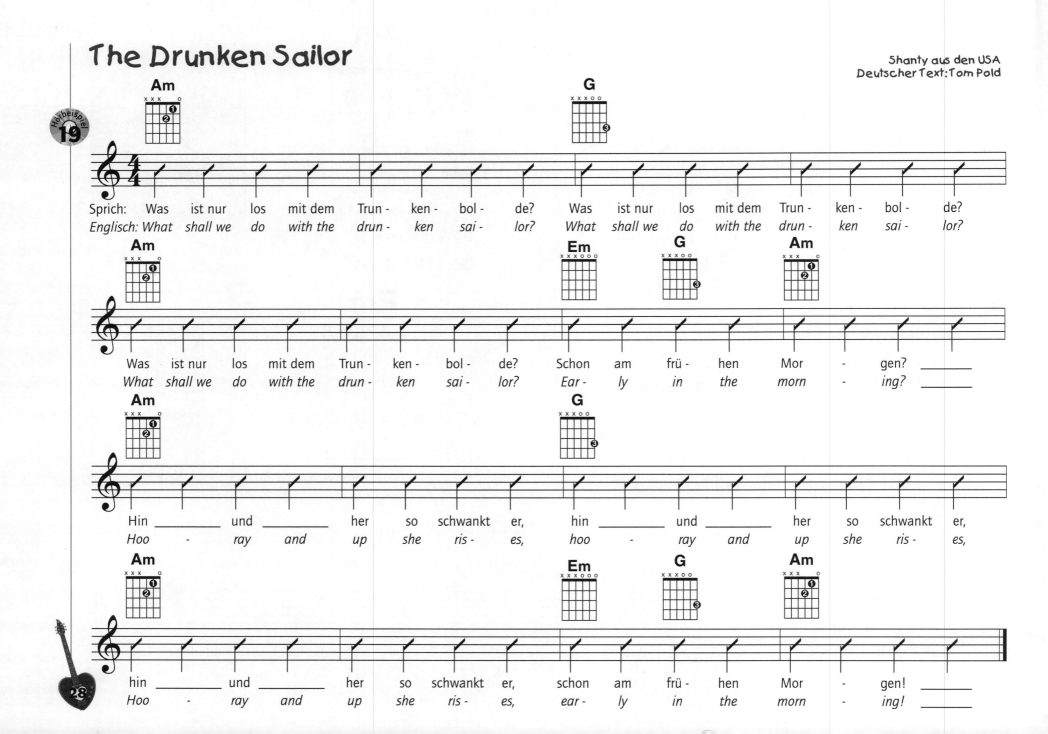

Sprich: Was ist nur los mit dem Trun - ken - bol - de? Was ist nur los mit dem Trun - ken - bol - de?
Englisch: What shall we do with the drun - ken sai - lor? What shall we do with the drun - ken sai - lor?

Was ist nur los mit dem Trun - ken - bol - de? Schon am frü - hen Mor - gen? _____
What shall we do with the drun - ken sai - lor? Ear - ly in the morn - ing? _____

Hin _____ und _____ her so schwankt er, hin _____ und _____ her so schwankt er,
Hoo - ray and up she ris - es, hoo - ray and up she ris - es,

hin _____ und _____ her so schwankt er, schon am frü - hen Mor - gen! _____
Hoo - ray and up she ris - es, ear - ly in the morn - ing! _____

28

Der D7-Akkord

Für den D7-Akkord benötigst du schon
drei Finger. Du greifst den **Am-Akkord**
und setzt **zusätzlich** den **Ringfinger** ❸
im **ersten Bund** der dünnen **E-Saite** auf.
Mit der rechten Hand schlägst du nur die
Saiten 3 — 2 — 1 an.

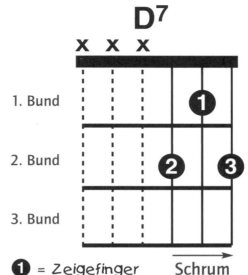

D⁷

x x x

1. Bund

2. Bund

3. Bund

Schrum

❶ = Zeigefinger
❷ = Mittelfinger
❸ = Ringfinger

Mein sechster Akkord

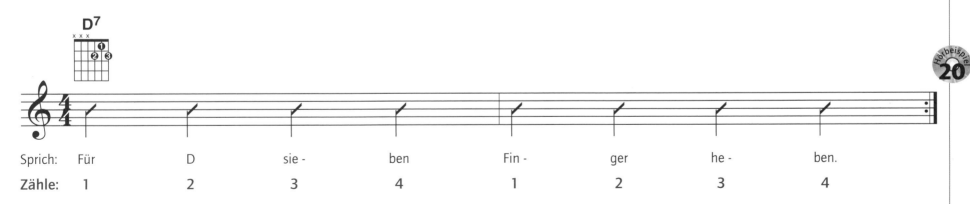

20

Sprich:	Für	D	sie -	ben	Fin -	ger	he -	ben.
Zähle:	1	2	3	4	1	2	3	4

29

Atte katte nuwa

Volkslied aus Lappland

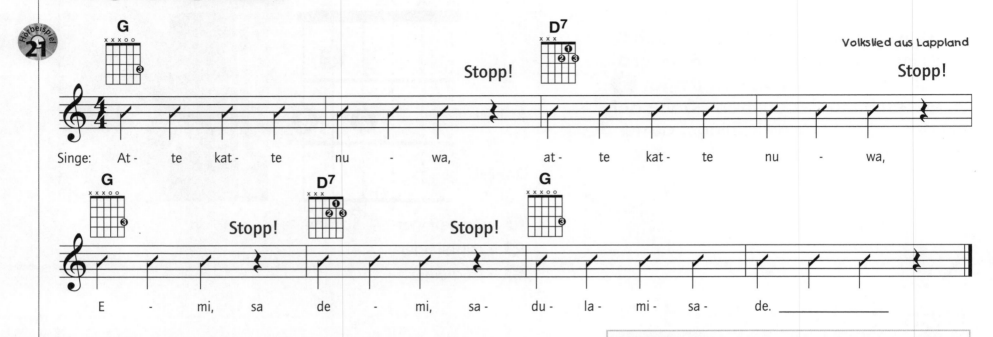

G ... **D7** Stopp! ... Stopp!

Singe: At - te kat - te nu - wa, at - te kat - te nu - wa,

G Stopp! ... **D7** Stopp! ... **G**

E - mi, sa de - mi, sa - du - la - mi - sa - de. _____

Übungen mit dem D7-Akkord

Bevor du dir die nächsten Lieder vornimmst, solltest du die folgenden Übungen spielen. Dann werden dir die Akkordwechsel leichter fallen.

Tipp:

Spiele jede Übung zuerst langsam und dann allmählich schneller. Die Songs solltest du erst dann spielen, wenn du gut von Akkord zu Akkord wechseln kannst, ohne einen Schlag auszulassen.

Übung 1

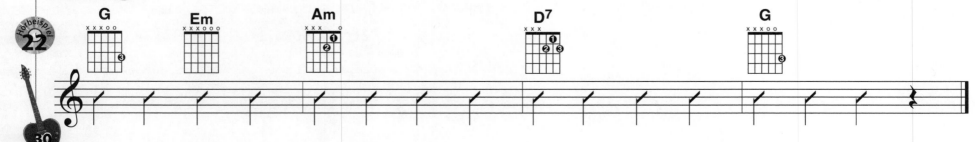

G Em Am D7 G

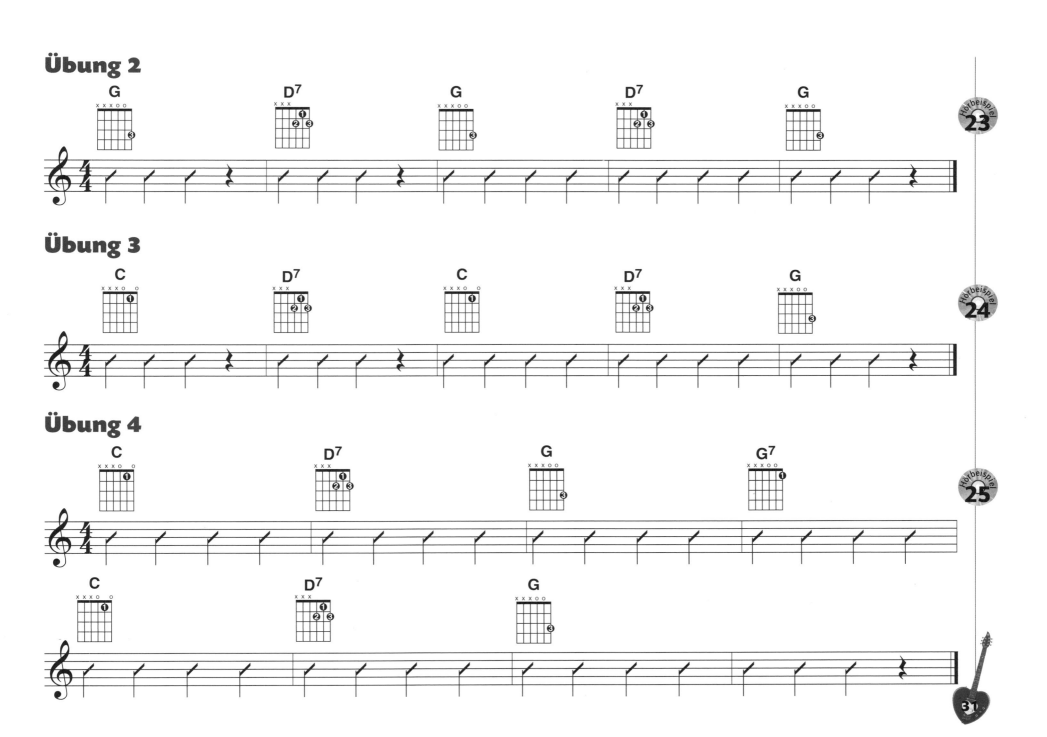

Übung 2

Übung 3

Übung 4

Drei Chinesen mit dem Kontrabass

Spaßlied
mündlich überliefert

Singe: Drei Chi - ne - sen mit dem Kon - tra - bass sa - ßen auf der Stra - ße und er - zähl - ten sich was. Da

kam die Po - li - zei: „Ja, was ist denn das?" Drei Chi - ne - sen mit dem Kon - tra - bass.

Taler, Taler, du musst wandern

Kinderlied
mündlich überliefert

Singe: Ta - ler, Ta - ler, du musst wan - dern von der ei - nen Hand zur an - der'n.

Das ist schön, _____ das ist schön, _____ Ta - ler lass dich nur nicht seh'n!

32

When The Saints Go Marching In

Traditional aus den USA
Deutscher Text: Tom Pold

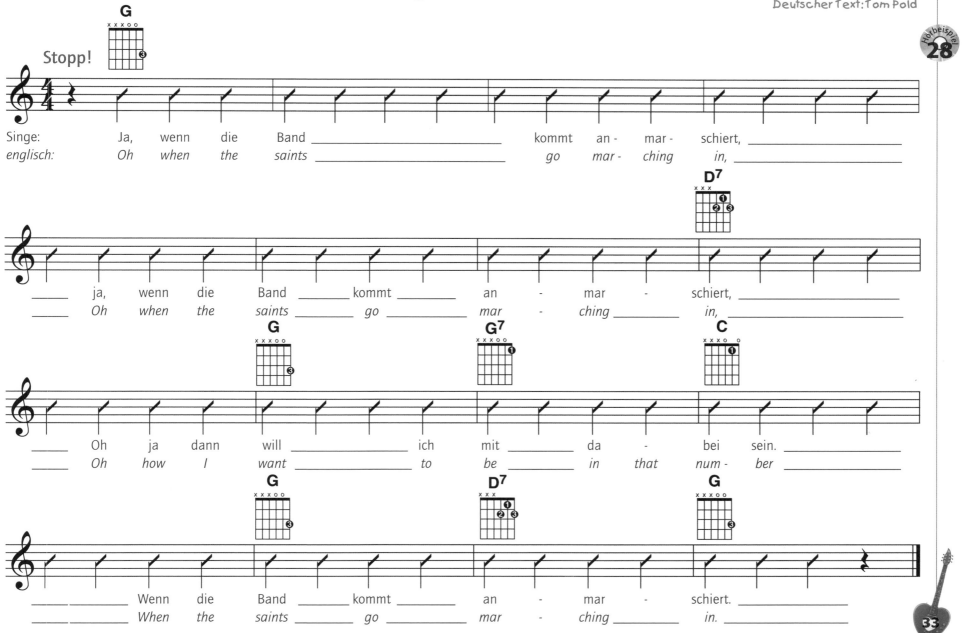

G

Stopp!

Singe: Ja, wenn die Band _____ kommt an - mar - schiert, _____
englisch: *Oh when die saints _____ go mar - ching in, _____*

D7

_____ ja, wenn die Band _____ kommt _____ an - mar - schiert, _____
_____ *Oh when the saints _____ go _____ mar - ching _____ in, _____*

G   **G7**   **C**

_____ Oh ja dann will _____ ich mit _____ da - bei sein. _____
_____ *Oh how I want _____ to be _____ in that num - ber*

G   **D7**   **G**

_____ Wenn die Band _____ kommt _____ an - mar - schiert. _____
_____ *When the saints _____ go _____ mar - ching _____ in. _____*

33

Kleines Quiz 2

1. Trage ein, welcher Finger auf welcher Saite greift!

Die richtigen Antworten findest du im Internet auf www.gitarre-fuer-kinder.de!

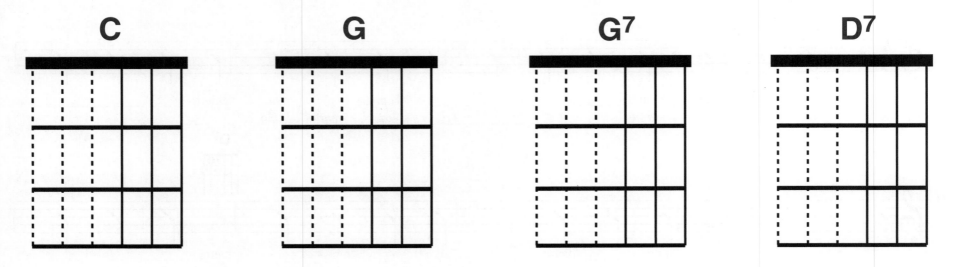

C **G** **G⁷** **D⁷**

2. Wie viele Schläge machst du Pause? Spiele und zähle mit!

3. Spiele die Akkordfolge. Wie viele Takte sind insgesamt zu spielen (mit Wiederholungszeichen)?

C   G   G⁷   C   G⁷   C

Die Notenschrift

Die Noten

Musikalische Klänge werden mit Hilfe von Zeichen, den soge-nannten **Noten**, dargestellt. Die **Dauer** einer Note wird durch ihre Farbe (**schwarz oder weiß**) und durch einen **Hals** oder ein **Fähn-chen** an der Note bestimmt.

Die Notenlinien

Die Noten werden auf oder zwischen **fünf Notenlinien** geschrieben. Jede Note hat einen Namen. Er richtet sich danach, ob die Note auf oder zwischen den Linien steht. Je höher die Note steht, desto höher klingt der Ton. Und umgekehrt!

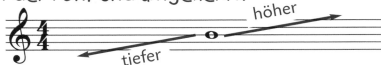

Die Notennamen

Die Noten werden nach den ersten sieben Buchstaben des **Alphabets (a - g)** benannt. Nur der Buchstabe **b** wird in der deutschen Notenschrift als **h** bezeichnet.

Der Notenschlüssel

Gitarrenmusik wird im G- oder Violinschlüssel notiert. Er umschließt den Ton g auf der zwei-ten Notenlinie von unten.

Die Noten auf den Linien heißen:
e - g - h - d - f

Die Noten in den Zwischenräumen
heißen: **f - a - c - e**

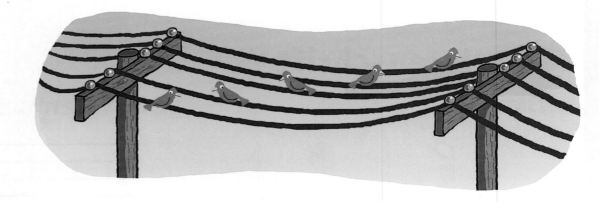

```
Noten auf den Linien          Noten zwischen den Linien

e    g    h    d    f  und  f    a    c    e
```

Die Viertel in der Notenschrift

Ein schwarzer Notenkopf mit schmalem Hals heißt **Viertelnote**
oder Viertel. Wie die Viertel in der Rhythmusnotation entspricht
auch in der Notenschreibweise jede Viertelnote einem Schlag.

Klatsche und zähle laut mit!

Die Viertelnote
(in Notenschreibweise)

Notenhals →

Notenkopf →

1 Viertel = 1 Anschlag

29

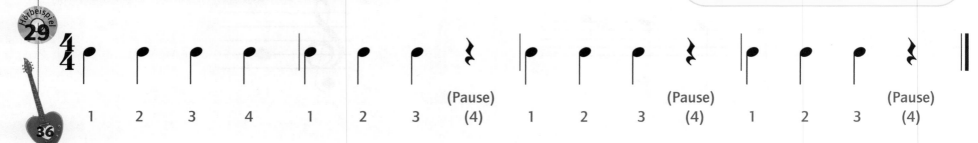

```
4
4                                        (Pause)              (Pause)              (Pause)
   1   2   3   4   1   2   3   (4)   1   2   3   (4)   1   2   3   (4)
```

Noten auf der ersten Saite

Das hohe „e"

Im Violinschlüssel liegt der Ton „e" auf der hohen E-Saite zwischen den beiden oberen Notenlinien. Um die Note „e" zu spielen, zupfst du die **leere 1. Saite** an. Du brauchst also nicht zu greifen!

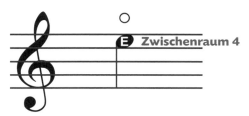

Zwischenraum 4

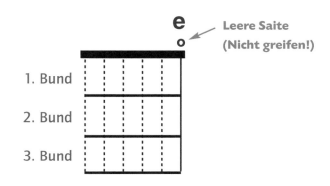

e

Leere Saite
(Nicht greifen!)

1. Bund

2. Bund

3. Bund

Elefant Elisabeth

Tipp:

◆ Schlage jedes „e" langsam und gleichmäßig mit der Daumenkuppe oder dem Plektrum an.

◆ Führe die Bewegung sparsam aus. Der Daumen beschreibt einen Kreis. Das Plektrum schlägt Richtung Boden.

Hörbeispiel **30**

	E	-	le	-	fant	E	-	li	-	sa	-	beth	isst	ger	-	ne	vie	-	le	Piz	-	za	-	stü	-	cke.
Zähle:	1		2		3	4		1		2		3	4	1		2	3		4	1		2		3		4

Das hohe „e" mit Akkorden

Bringen wir jetzt Noten und zwei der bereits bekannten Akkorde zusammen.

Zunächst ein Warm-Up, in dem du den Wechsel zwischen dem Ton „e" und den beiden Akkorden C und G7 üben kannst.

e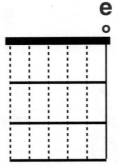

C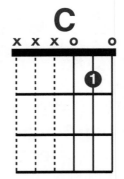

G7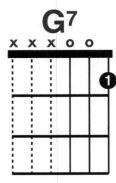

Warm-up

Spiele die Aufwärmübung langsam, bis du bequem zwischen dem Ton „e" und den beiden Akkorden C und G7 wechseln kannst.

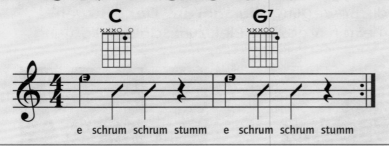

e schrum schrum stumm   e schrum schrum stumm

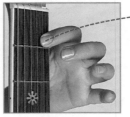

C-Akkord

G7-Akkord

Note und Akkorde

E schrum schrum stumm!   E schrum schrum stumm!   E schrum schrum stumm!   E schrum schrum Schluss!

Zähle: 1   2   3   4   1   2   3   4   1   2   3   4   1   2   3   4

Das hohe „f"

Die Note „f" liegt auf der oberen Notenlinie. Um den Ton „f" zu spielen, greifst du mit dem Zeigefinger **1** im **ersten Bund** auf der E-Saite. Schlage nur die E-Saite mit Daumenkuppe oder Plektrum an.

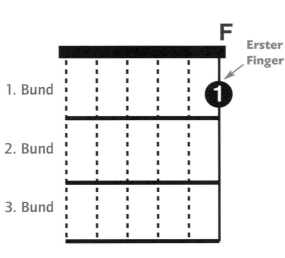

F

Erster Finger **1**

1. Bund
2. Bund
3. Bund

Alle Warm-Ups kannst du dir im Internet auf www.gitarre-fuer-kinder.de runterladen.

MP3

F-Warm-up

Das Wippenlied

Rauf und run - ter ers - ter Fin - ger. Wie - der E und Zei - ge - fin - ger.

33

Noten und Akkorde

1. Finger liegen lassen

C

G⁷

G⁷

C

E schrum schrum stumm! F schrum schrum stumm! Noch ein - mal stumm! Dann bist du stumm!

34

39

Das hohe „g"

Die Note „g" liegt über der obersten Notenlinie. Um den Ton „g" zu spielen, greifst du mit dem **Ringfinger** 3 im **dritten Bund** auf der hohen E-Saite. Schlage nur die E-Saite mit Daumenkuppe oder Plektrum an.

Alle Warm-Ups kannst du dir im Internet auf www.gitarre-fuer-kinder.de runterladen.

g

1. Bund

2. Bund

3. Bund

Dritter Finger

3

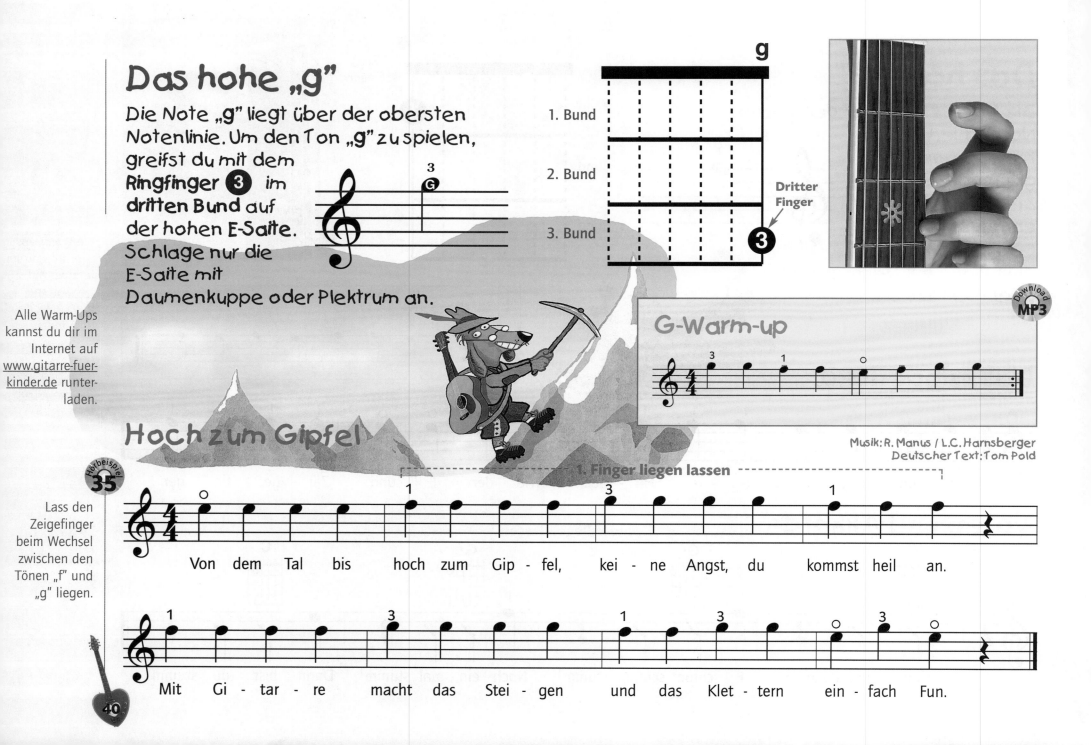

G-Warm-up

Hoch zum Gipfel

Musik: R. Manus / L.C. Harnsberger
Deutscher Text: Tom Pold

Lass den Zeigefinger beim Wechsel zwischen den Tönen „f" und „g" liegen.

1. Finger liegen lassen

Von dem Tal bis hoch zum Gip - fel, kei - ne Angst, du kommst heil an.

Mit Gi - tar - re macht das Stei - gen und das Klet - tern ein - fach Fun.

35

40

„e", „f" und „g" mit Akkorden
Das Schachtlied

Musik:R. Manus / L.C.Harnsberger
Deutscher Text:Tom Pold

Ab - wärts geht's.   In den Schacht.   Fle - der - maus.   Gib bloß acht!

Halte deinen Ringfinger zwischen dem Ton „g" und dem G-Akkord gedrückt.

Halloween

Musik:R. Manus /
L.C.Harnsberger
Deutscher Text:Tom Pold

Kür - bis aus - ge - höhlt.   Au - gen, Na - se, Mund.

Ker - zen - schein hi - nein.   Hal - lo - ween ist bunt.

Halte deinen Zeigefinger zwischen dem Ton „f" und dem Ton „g" sowie dem G7-Akkord gedrückt.

41

Kleines Quiz 3

1. Trage ein, welcher Finger auf welcher Saite greift! ✏️

Das hohe „f"

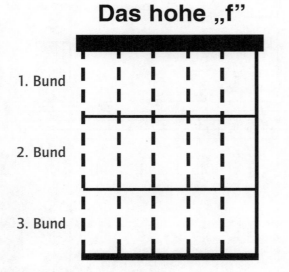

1. Bund

2. Bund

3. Bund

Das hohe „g"

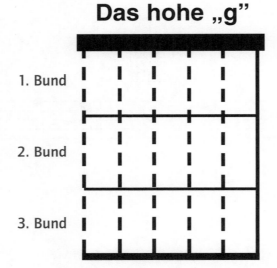

1. Bund

2. Bund

3. Bund

Das hohe „e"

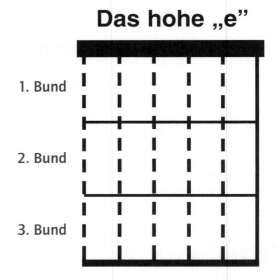

1. Bund

2. Bund

3. Bund

Die richtigen Lösungen findest du im Internet auf www.gitarre-fuer-kinder.de!

2. Trage die folgenden Viertelnoten in das Notenliniensystem ein!

e   f   g

3. Trage die Notennamen unter dem Notenliniensystem ein (siehe S. 35)!

Noten auf der zweiten Saite

Das mittlere „h"

Die Note auf der mittleren Notenlinie ist der Ton „h". Auf der Gitarre ist das die **zweite leere Saite**. Du brauchst also nicht zu greifen.

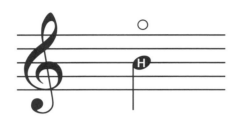

h

Leere Saite (Nicht greifen!)

1. Bund
2. Bund
3. Bund

Zwei leere Saiten

Spiel das H und spiel das E. Und H und E, das tut gar nicht weh!

Zwei Saiten-Melodie

Musik: R. Manus / L.C. Harnsberger
Deutscher Text: Tom Pold

Tö - ne auf zwei Nach - bar - sai - ten triffst du leicht, bist gleich am Ziel!
Hin und her schwingt je - de Sai - te, klingt wie Zau - ber - sai - ten - spiel!

43

Tanzen, Springen

Musik: R. Manus / L.C. Harnsberger
Deutscher Text: Tom Pold

Tan - zen, sprin - gen, auf und ab! Hoch und run - ter, du hebst ab!

Im - mer hö - her, geht ganz leicht! Wie - der un - ten, fällst du weich!

44

Das mittlere „c"

Im Zwischenraum 3 liegt die Note „c". Auf der Gitarre greifst du mit dem Zeigefinger ➊ im ersten Bund der H-Saite.

1

c Zwischenraum 3

C

Erster Finger

1. Bund
2. Bund
3. Bund

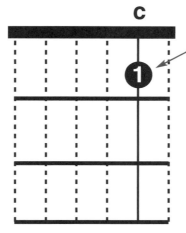

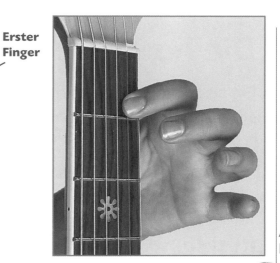

Alle Warm-Ups kannst du dir im Internet auf www.gitarre-fuer-kinder.de runterladen.

Download MP3

C-Warm-up

1   o

Ping Pong Song

41

o   o   o   o   1   1   1   1   o   o   o   o   1   1   1

Lee - re - Sai - te,   ers - ter   Fin - ger,   hin   und   her   beim   Ping   Pong   Song!

Fußball spiel ich   Musik: R. Manus / L.C. Harnsberger; Deutscher Text: Tom Pold

Finger liegen lassen

42

1   o   3   3   o   o   3   1   o   3   o   1   o   1

Fuß - ball   spiel   ich   je - den   Tag,   weil   ich   To - re   schie - ßen   mag.

45

Die halbe Pause ▬

Ein schwarzer Balken, der auf der mittleren Notenlinie liegt und sich ausruht, zeigt eine halbe Pause an.

𝄽 + 𝄽 = ▬

Das bedeutet, dass du dich während der Dauer von zwei Viertelpausen ausruhen kannst.

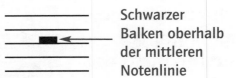

Die halbe Pause
(in Notenschreibweise)

Schwarzer Balken oberhalb der mittleren Notenlinie

Halbe Pause = 2 Viertelpausen

Klatsche und zähle laut mit!

43

1 2 3 4 1 2 (3) (4) 1 (2) 3 (4) (1) (2) 3 4
stumm stumm stumm stumm stumm stumm

Der 1. Finger greift sowohl die Note „c" als auch im Am- und D7-Akkord. Lasse deshalb den 1. Finger auf der h-Saite solange liegen wie angezeigt.

Manchmal fühle ich

Musik: R. Manus / L.C. Harnsberger
Deutscher Text: Tom Pold

44

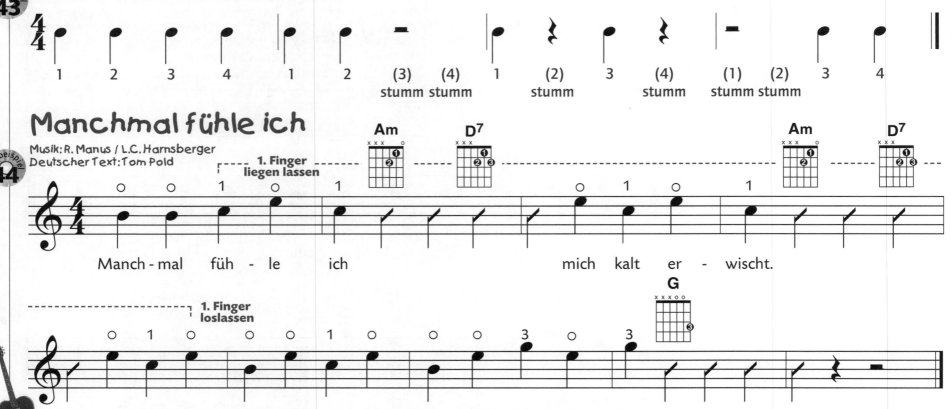

Manch - mal füh - le ich   mich kalt er - wischt.

Ver - ste - cke mich hin - ter der Tür. Kann nichts da - für!

46

Das hohe „d"

Die Note auf der vierten Notenlinie von unten ist der Ton „**d**". Auf der Gitarre greifst du das hohe „**d**" mit dem **Ringfinger** ❸ im **dritten Bund** der H-Saite.

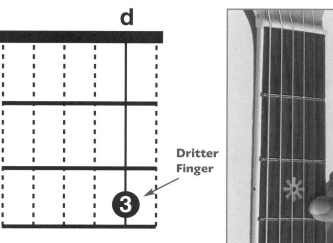

d

1. Bund

2. Bund

3. Bund

Dritter Finger

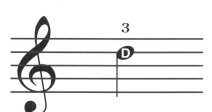

D-Warm-up

Alle Warm-Ups kannst du dir im Internet auf www.gitarre-fuer-kinder.de runterladen.

Download MP3

H und C und D - wie einfach

Musik: R. Manus / L.C. Harnsberger
Deutscher Text: Tom Pold

Hörbeispiel **45**

H und C und D wie ein - fach. No - ten wech - seln mehr als zwei - fach.

Stei - gen auf, hüp - fen hoch, schrei - ten ab - wärts bis ins Loch!

Die halbe Note

Die halbe Note lässt sich leicht von der Viertelnote unterscheiden. Ihr Notenkopf ist weiß ausgefüllt, nicht schwarz.

Die halbe Note wird zwei Viertelschläge lang ausgehalten. Sie ist damit doppelt so lang wie eine Viertelnote.

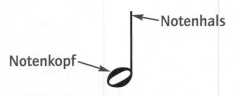

Die halbe Note
(in Notenschreibweise)

Notenhals

Notenkopf

1 Halbe = 2 Viertelschläge

Klatsche und zähle laut mit!

46

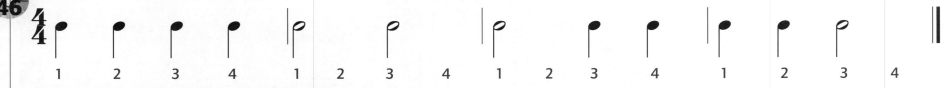

1   2   3   4   1   2   3   4   1   2   3   4   1   2   3   4

An die Freude
aus Beethovens 9. Sinfonie

Ludwig van Beethoven (1770 - 1827)

Ludwig van Beethoven war bereits taub, als er seine Neunte und letzte Sinfonie schrieb.

47

Beet - ho - ven schrieb die - ses The - ma, konn - te nichts mehr hö - ö - ren.

Zähle: 1   2   3   4   1   2   3   4   1   2   3   4   1   2   3   4

Doch im Geis - te hör - te er Mu - sik, er kann's be - schwö - ö - ren.

48

Zähle weiter ...

Jingle Bells

Weihnachtslied aus den USA / Deutscher Text: Tom Pold

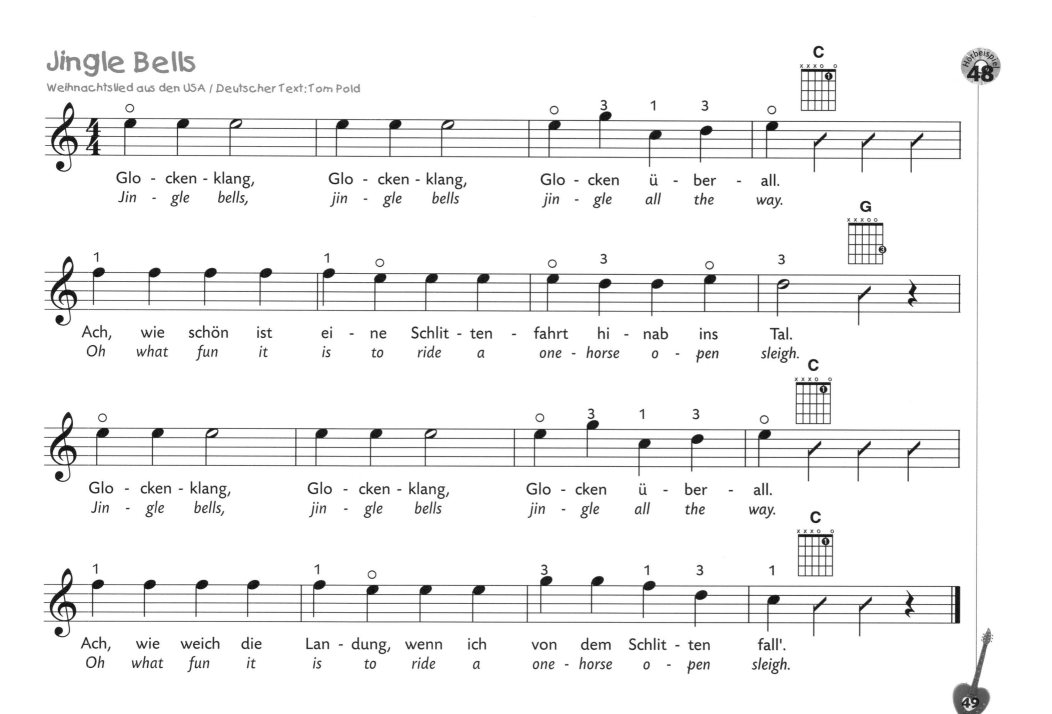

Marie hat ein kleines Lamm (Mary had a little lamb)

Kinderlied aus England
Musik: mündlich überliefert / Englischer Text: Sarah J. Hale (1830) / Deutscher Text: Tom Pold

Kleines Quiz 4

1. Trage ein, welcher Finger auf welcher Saite greift! ✎

Das mittlere „c"

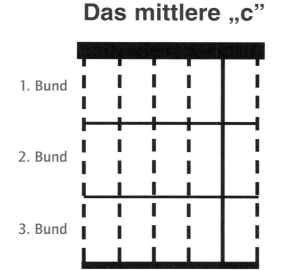

1. Bund
2. Bund
3. Bund

Das mittlere „h"

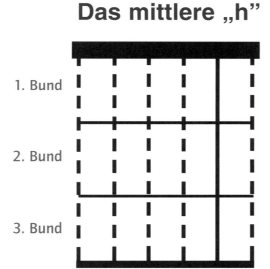

1. Bund
2. Bund
3. Bund

Das mittlere „d"

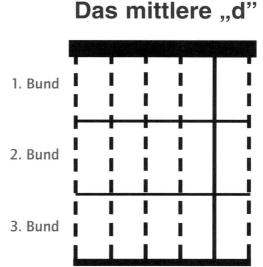

1. Bund
2. Bund
3. Bund

Die richtigen Lösungen findest du im Internet auf www.gitarre-fuer-kinder.de!

2. Trage die folgenden Töne als halbe Noten in das Notenliniensystem ein!

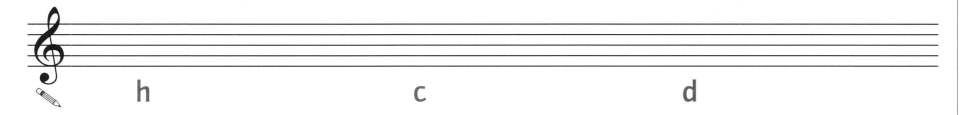

h   c   d

3. Klatsche, zähle und trage dann die Zählzeiten unter den Notenwerten ein!

Noten auf der dritten Saite

Das mittlere „g"

Die Note auf der zweiten Notenlinie von unten ist der Ton „g". Auf der Gitarre ist das die **dritte leere Saite**. Du brauchst also nicht zu greifen.

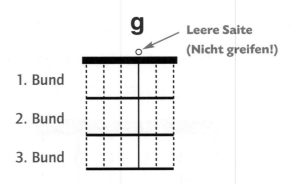

g — Leere Saite (Nicht greifen!)

1. Bund
2. Bund
3. Bund

Drei leere Saiten

Lee - re Sai - ten, gar nichts grei - fen, ganz be - quem E, H (und) G!

Brüderchen, komm tanz mit mir

Volkstanz aus Thüringen

Brü - der - chen, komm tanz mit mir, bei - de Hän - de reich ich dir!

Ein - mal hin, ein - mal her, rund - he - rum, das ist nicht schwer.

Spiele ich Gitarre

Text & Musik: Tom Pold

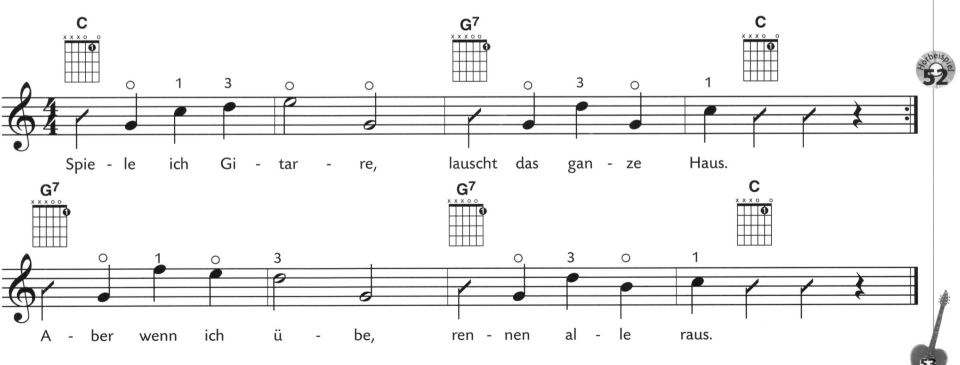

Spie - le ich Gi - tar - re, lauscht das gan - ze Haus.

A - ber wenn ich ü - be, ren - nen al - le raus.

53

Das mittlere „a"

Die Note im 2. Zwischenraum des Notensystems heißt „a".
Der **Mittelfinger** ❷ greift die **dritte Saite im zweiten Bund**. Zupfe also nur die G-Saite an.

Zwischenraum 2

a

1. Bund

2. Bund

Zweiter Finger

3. Bund

❷

Alle Warm-Ups kannst du dir im Internet auf www.gitarre-fuer-kinder.de runterladen.

Download MP3

A-Warm-up

Ist ein Mann in Brunn' gefallen

Kinderlied (mündlich überliefert)

Hörbeispiel 53

Ist ein Mann in' Brunn' ge - fal - len, hab' ihn hö - ren plump - sen.

Wär er nicht hi - nein - ge - fal - len, wär er nicht er - trun - ken.

54

Auf der Mauer, auf der Lauer

Spaßlied
mündlich überliefert

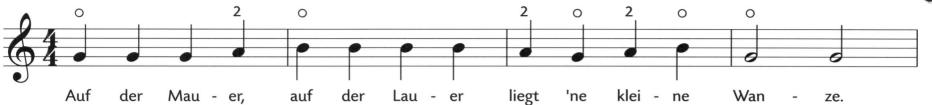

Auf der Mau - er, auf der Lau - er liegt 'ne klei - ne Wan - ze.

Auf der Mau - er, auf der Lau - er liegt 'ne klei - ne Wan - ze.

Sieh dir mal die Wan - ze an, wie die Wan - ze tan - zen kann.

Auf der Mau - er, auf der Lau - er liegt 'ne klei - ne Wan - ze.

Der Cowboy Bill

Kinderlied (mündlich überliefert)

Das Lied „Der Cowboy Bill" beginnt mit einem unvollständigen Takt mit nur einer Viertelnote. Musiker nennen das **Auftakt**. Du beginnst also auf der Zählzeit „4" des ersten Taktes zu spielen. Auf der CD hörst du also drei Schläge, bevor du beginnst. Der letzte Takt ist auch verkürzt. Er enthält die fehlenden Notenwerte des Auftakts. Erster und letzter Takt werden also zusammengezählt!

Der Auftakt

Der Auftakt ist ein unvollständiger Takt am Anfang einer Melodie. Dieser Takt enthält weniger Notenwerte als die Taktart am Anfang der Zeile vorgibt.

Kleines Quiz 5

1. Trage ein, welche Finger auf welchen Saiten greifen! ✏️

Das mittlere „a"	**Das mittlere „g"**	**Am**

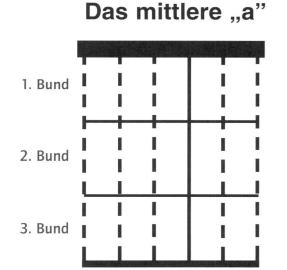

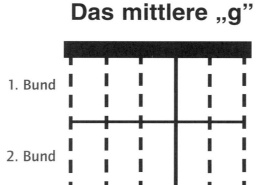

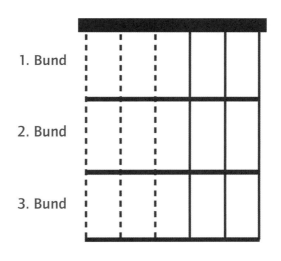

Die richtigen Antworten findest du im Internet auf www.gitarre-fuer-kinder.de!

2. Trage die folgenden Töne als halbe Noten in das Notenliniensystem ein!

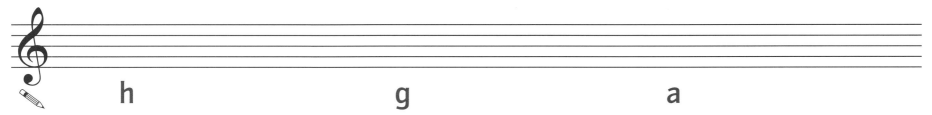

h   g   a

3. Achtung: Auftakt! Erkennst du den Liedanfang? Trage die Zählzeiten ein.

Noten auf der vierten Saite

Das mittlere „d"

Die Note unter der ersten Notenlinie ist das mittlere „**d**". Auf der Gitarre ist das die **vierte leere Saite**. Du brauchst also nicht zu greifen.

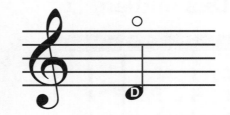

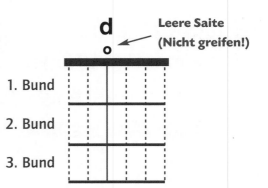

d

Leere Saite (Nicht greifen!)

1. Bund
2. Bund
3. Bund

Vier leere Saiten

Neu - e Sai - te, al - te Sai - ten: D G H E dich be - glei - ten.

Schlaflied

mündlich überliefert

Schlaf, Kind - chen, bal - de! Vög - lein fliegt im Wal - de. Es fliegt wohl ü - ber

Laub und Gras und bringt auch mei - nem Kind - chen was: Schlaf, Kind - chen, schlaf!

Akkorde über vier Saiten

Jetzt, da du das mittlere „**d**" kennengelernt hast, kannst du den Ton „**d**" zu den folgenden bereits bekannten Akkorden hinzufügen. Das sind:

Der G-Akkord über vier Saiten

Alles wie beim einfachen G-Akkord. Aber du schlägst zusätzlich die leere D-Saite an!

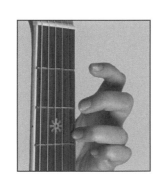

Der G⁷-Akkord über vier Saiten

Alles wie beim einfachen G⁷-Akkord. Nur, dass du auch die leere D-Saite mit anschlägst!

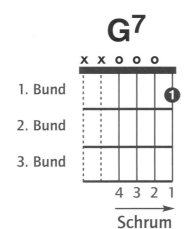

Akkordübung

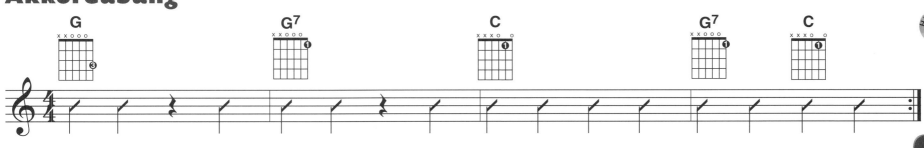

Achtung! Spiele den C-Akkord nur über drei Saiten!

58

59

Rock mit Mozart

frei nach:
W. A. Mozart (1756 - 1791)

Achtung! Schlage den G- und den G7-Akkord über vier Saiten an. Der C-Akkord wird nur über drei Saiten angeschlagen!

Wolfgang Amadeus Mozart war schon als Kind ein begnadeter Pianist. Mit seinem Vater unternahm er bereits im Alter von sechs Jahren Konzertreisend urch ganz Europa.

Mo - zart spiel - te nicht nur toll Kla - vier. Nein, er

schrieb auch O - pern mehr als vier. Ro - cken mit A - ma -

de - us. So cool, dass je - der mit___ muss.

Rock mit Mo - zart, ja das macht to - ta - len Spaß! Yeah!

Das mittlere „e"

Die Note auf der ersten Notenlinie ist das mittlere „e". Du greifst ihn mit dem **Mittelfinger ❷** im zweiten Bund auf der D-Saite.

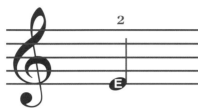

e

Zweiter Finger

1. Bund
2. Bund ❷
3. Bund

Alle Warm-Ups kannst du dir im Internet auf www.gitarre-fuer-kinder.de runterladen.

MP3 Download

E-Warm-up

Old MacDonald hat 'ne Farm

englisches Kinderlied
Deutscher Text: Tom Pold

Hörbeispiel **60**

Old Mac - Don - ald hat 'ne Farm. I - a - i - a - o. Gi -
Hüh - ner, En - ten grei - fen links. I - a - i - a - o. Die

tar - re spiel'n die Tie - re da. I - a - i - a - o.
an - der'n zup - fen rechts, das bringt's. I - a - i - a - o.

Der C-Akkord über vier Saiten

Spiele wie beim einfachen C-Akkord. Greife
aber zusätzlich mit dem **Mittelfinger** ❷ im
zweiten Bund den Ton „e" auf der D-Saite.
Schlage die Saiten 4 - 3 - 2 - 1 an!

C

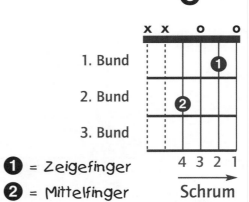

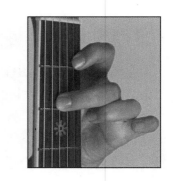

1. Bund

2. Bund

3. Bund

4 3 2 1

❶ = Zeigefinger

❷ = Mittelfinger

Schrum

C Blues

Musik: R. Manus / L.C. Harnsberger

Hörbeispiel
61

62

Die Achtelnote

Eine Achtelnote erkennst du am **Fähnchen**. Das unterscheidet sie von der Viertelnote.

Mehrere Achtelnoten können mit einem **Balken** verbunden werden.

Zwei Achtelnoten ergeben den Notenwert einer Viertelnote. Damit ist die Achtelnote **halb so lang** wie eine Viertelnote.

Die Achtelnote
(in Notenschreibweise)

Fähnchen

Balken

2 Achtel = 1 Viertelschlag

Das Zählen von Achteln

Da die Achtelnoten um die Hälfte kürzer sind als Viertelnoten, wird zwischen die Zählzeiten 1 - 2 - 3 - 4 jeweils ein „und" („+") eingefügt.

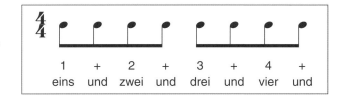

Klatsche und zähle laut mit!

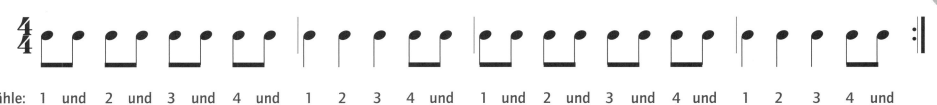

Zähle: 1 und 2 und 3 und 4 und 1 2 3 4 und 1 und 2 und 3 und 4 und 1 2 3 4 und

63

Die Tante aus Marokko

Spaßlied (mündlich überliefert)

Achtung!
Auftakt!
(siehe S. 56)

Spiele die
Akkorde
C und G⁷
über vier
Saiten!

1. Hab' 'ne Tan - te aus Ma - rok - ko und die kommt, (Hip Hop) hab' 'ne
2. Sing - ing ja - ja - jip - pi jip - pi jeh, (Hip Hop) sing - ing

Tan - te aus Ma - rok - ko und die kommt, (Hip Hop) hab' 'ne Tan - te aus Ma - rok - ko, hab' 'ne
ja - ja - jip - pi jip - pi jeh, (Hip Hop) sing - ing ja - ja - jip - pi jip - pi

Tan - te aus Ma - rok - ko, hab' 'ne Tan - te aus Ma - rok - ko, und die kommt (Hip Hop).
ja - ja - jip - pi jip - pi, ja - ja - jip - pi jip - pi jeh (Hip Hop).

Klatsche diesen Rhythmus! Er sieht schwieriger aus, als er ist. Die Zählzeiten, auf denen du klat-schen sollst, habe ich dir fett gedruckt.

1 und **2** und **3** und **4** und **1** und **2** und 3 und 4 und **1** und **2** und **3** und **4** und **1** und **2** und 3 und 4 und

Na, hast du den Rhythmus erkannt? Richtig! Das ist der Melodierhythmus zu „Tom Dooley", einem bekannten amerikanischen Folk Song! Hier ist die Melodie dazu:

Tom Dooley

Traditional aus den USA

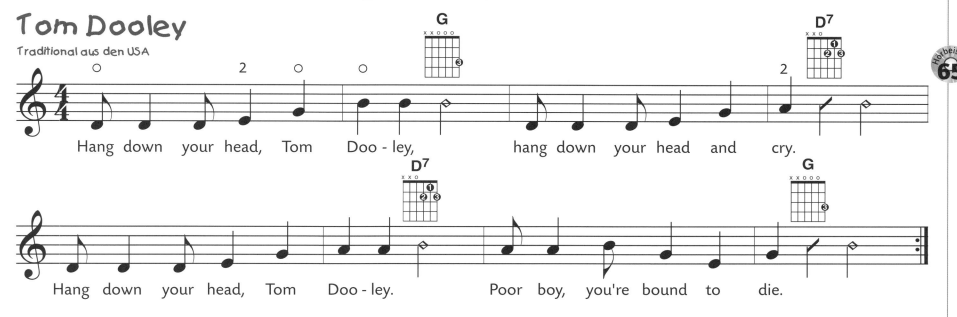

Hang down your head, Tom Doo - ley, hang down your head and cry.

Hang down your head, Tom Doo - ley. Poor boy, you're bound to die.

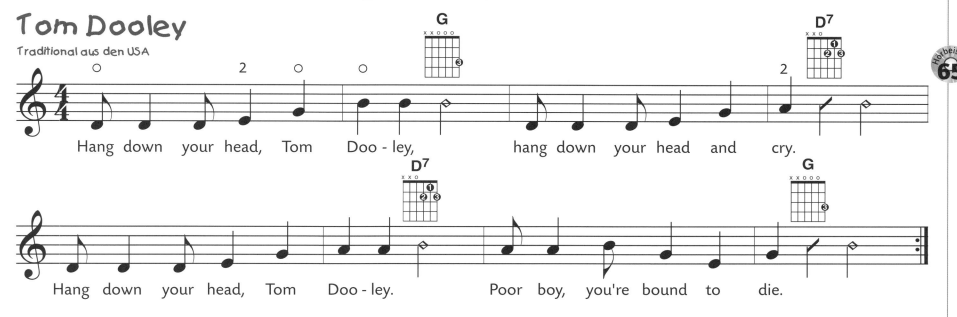

Achtung! Spiele beide Akkorde über vier Saiten!

Na, hast du's bemerkt? Richtig! „Tom Dooley" enthält zwei „fast neue" Dinge:

Der D⁷-Akkord über vier Saiten

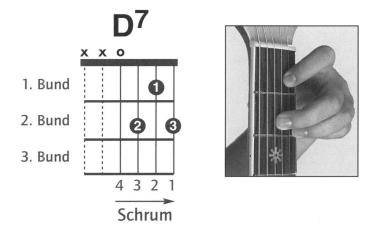

D⁷

1. Bund
2. Bund
3. Bund

4 3 2 1

Schrum

Die halbe Note
(in Rhythmus-Schreibweise)

Notenkopf

Notenhals

1 Halbe = 2 Viertelschläge

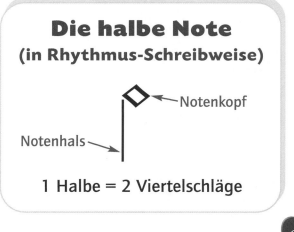

65

Das mittlere „f"

Die Note im untersten Zwischenraum ist das mittlere „f". Du greifst das mittlere „f" mit dem **Ringfinger** ❸ im **dritten Bund** der D-Saite.

f

1. Bund
2. Bund
3. Bund

Dritter Finger

Zwischenraum 1

Alle Warm-Ups kannst du dir im Internet auf www.gitarre-fuer-kinder.de runterladen.

Fing mir eine Mücke heut'

Spaßlied (mündlich überliefert)

66

Achtung: Wiederhole die 1. Zeile!

F-Warm-up

Ein Mal vom Anfang wiederholen!

1. Fing mir ei - ne Mü - cke heut', grö - ßer als ein Pferd wohl.
2. Ließ das Fett, das Fett ihr aus, war ein gan - zes Fass voll.

Wer dies glaubt, ein E - sel ist, grö - ßer als ein Pferd wohl!

Wer dies glaubt, ein E - sel ist, grö - ßer als ein Pferd wohl!

Der ¾-Takt

Der ¾-Takt gehört zu den ungeraden Taktarten. Er enthält drei gleich lange Viertelschläge pro Takt. Der **Walzer** ist die bekannteste Form des ¾-Takts.

Das Zählen im ¾-Takt

Du zählst pro Takt drei gleichmäßige Viertelschläge:

    1 - 2 - 3 | 1 - 2 - 3   usw.

Für die Achtel fügst du jeweils ein „und" („+") zwischen die Zählzeiten:

    1 + 2 + 3 + | 1 + 2 + 3 +   usw.

Der ¾-Takt

> 3 bedeutet 3 Schläge pro Takt
> 4 bedeutet 1 Schlag = 1 Viertel
>
> 1 Takt = 3 Viertelschläge

Klatsche und zähle laut mit!

69

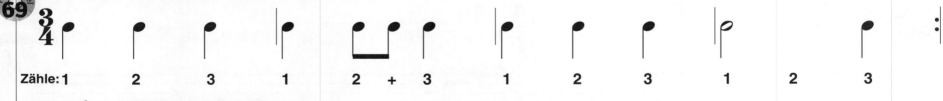

Zähle: 1   2   3   1   2 + 3   1   2   3   1   2   3

Geburtstagslied

Achtung: Auftakt! Auf der CD werden 2 Takte vorgezählt! Starte auf Zählzeit „3".

Musik: mündlich überliefert
Deutscher Text: Tom Pold

Al - les   Gu - te,   viel   Glück!   Al - les   Gu - te   für   Dich!   Al - les

Gu - te   zum Ge - burts - tag,   al - les   Gu - te,   viel   Glück!

Mein Hut, der hat drei Ecken

G⁷   **C**   Volkslied aus Neapel

Mein Hut, der hat drei E - cken,____ drei E - cken hat mein Hut.____ Und

hätt' er nicht drei E - cken,____ dann wär' es nicht mein Hut.____

Kuckuck, Kuckuck

G   Text: Hoffmann von Fallersleben
Melodie: aus Österreich

1. Ku - ckuck,   Ku - ckuck,   ruft's aus dem   Wald.   Las - set uns sin - gen,
2. Ku - ckuck,   Ku - ckuck,   lässt nicht sein   Schrei'n.   Komm' in die Fel - der,

G

tan - zen und sprin - gen!   Früh - ling, Früh - ling wird es nun bald!
Wie - sen und Wäl - der!   Früh - ling, Früh - ling stel - le dich ein!

69

Kleines Quiz 6

1. Trage ein, welche Finger auf welchen Saiten greifen! 🖊

Das mittlere „f"

1. Bund
2. Bund
3. Bund

Das mittlere „e"

1. Bund
2. Bund
3. Bund

C
(über 4 Saiten)

1. Bund
2. Bund
3. Bund

Die richtigen Antworten findest du im Internet auf www.gitarre-fuer-kinder.de!

2. Suchbild: Zwei Takte sind unvollständig! Trage die fehlenden Notenwerte ein! 🖊

3. Benenne die Noten mit ihren Namen! 🖊

Noten auf der fünften Saite

Das tiefe „a"

Noten, die über das Notensystem hinaus gehen, werden mit **Hilfslinien** notiert. Der Notenkopf des tiefen „a" liegt z.B. unter dem System auf der zweiten Hilfslinie. Auf der Gitarre ist das die **fünfte leere Saite**. Du brauchst also nicht zu greifen.

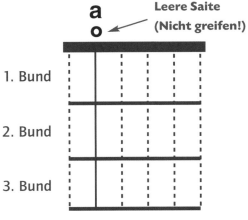

a

Leere Saite (Nicht greifen!)

← Hilfslinien

1. Bund
2. Bund
3. Bund

Fünf leere Saiten

A, D, G, H, E.   Fünf   Sai - ten   der   Gi - tar - re!

Hörbeispiel 73

Der Am-Akkord über fünf Saiten

Der vollständige **Am-Akkord** wird über fünf Saiten gespielt. Der **Mittelfinger ❷** greift jetzt im 2. Bund der D-Saite, während der **Ringfinger ❸** den Ton „a" im 2. Bund der G-Saite übernimmt.

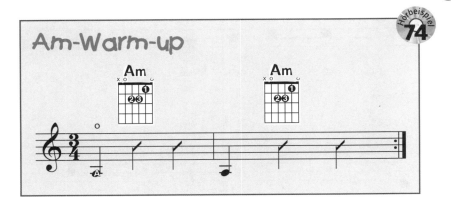

Am-Warm-up

Hörbeispiel 74

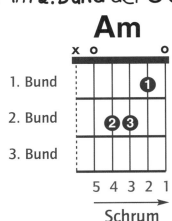

Am

x o   o

1. Bund   ❶
2. Bund   ❷❸
3. Bund

5 4 3 2 1
→ Schrum

71

Abfall, Abfall

Musik: R. Manus/L.C Harnsberger
Deutscher Text: Tom Pold

Ab - fall, Ab - fall holt die Müll - ab - fuhr. Fla - schen,

Rest - müll ge - trennt sein muss er nur.

Scarborough Fair

englischer Folk Song

Are you go - ing to Scar - bor - ough Fair?   Pars - ley sage, rose -

ma - ry and thyme.   Re - mem - ber me to one who lives there,

she once was a true love of mine.

Das tiefe „h"

Die Note unter der ersten Hilfslinie ist das tiefe „h". Du greifst das tiefe „h" mit dem **Mittelfinger 2** im **zweiten Bund** auf der **A-Saite**.

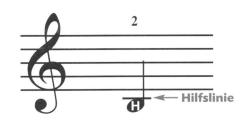

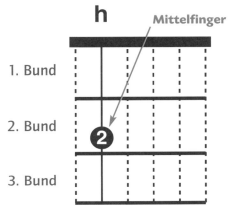

h
Mittelfinger

1. Bund

2. Bund ②

3. Bund

Alle Warm-Ups kannst du dir im Internet auf www.gitarre-fuer-kinder.de runterladen.

MP3 Download

H-Warm-up

Backe, backe Kuchen

Kinderlied 77

Ba - cke, ba - cke Ku - chen, der Bä - cker hat ge - ru - fen. Wer will gu - ten

Ku - chen ba - cken, der muss ha - ben sie - ben Sa - chen: Ei - er und Schmalz, But - ter und Salz,

Mehl und Milch, Sa - fran macht den Ku - chen gel. Schieb, schieb in' O - fen 'nein.

73

Das tiefe „c"

Die Note auf der ersten Hilfslinie unter dem Notensystem ist das tiefe „c". Du greifst das tiefe „c" mit dem **Ringfinger** ❸ im **dritten Bund** auf der A-Saite.

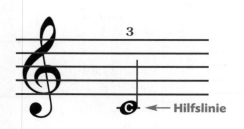
← Hilfslinie

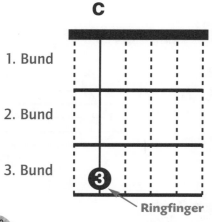

c

1. Bund

2. Bund

3. Bund

❸ → Ringfinger

MP3 Download

C-Warm-up

Die Akkorde von Seite 32 passen nicht zu dieser Melodie. Die passenden Akkorde findest du auf der Website www.gitarre-fuer-kinder.de zum Download!

Drei Chinesen mit dem Kontrabass

Hörbeispiel **78**

Spaßlied

Drei Chi - ne - sen mit dem Kon - tra - bass sa - ßen auf der Stra - ße und er - zähl - ten sich was. Da

kam die Po - li - zei: „Ja, was ist denn das?" Drei Chi - ne - sen mit dem Kon - tra - bass.

74

Nick-nack-paddy-wack

Musik: Kinderlied aus England
Deutscher Text: Tom Pold

Vol - ler Schwung spielt der Heinz auf der Trom - mel eins und eins:

Nick nack paddy wack (*sprich: Nick näck päddi wäck*) ist ursprünglich ein Abzählreim aus England.

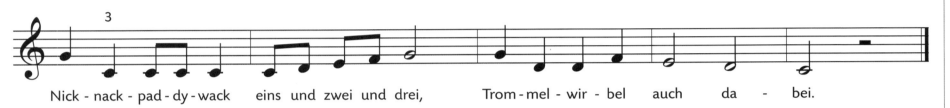

Nick - nack - pad - dy - wack eins und zwei und drei, Trom - mel - wir - bel auch da - bei.

Can-Can

aus: Orpheus in der Unterwelt

frei nach:

Jacques Offenbach (1819 - 1880)

Der Can-Can ist ein Schautanz, den du bestimmt aus Saloon-Szenen in Western-Filmen kennst. Ursprünglich stammt er aber aus Frankreich.

3. Finger liegen lassen

Der C-Akkord über fünf Saiten

Der vollständige **C-Akkord** wird über fünf Saiten gespielt. Du hast ihn bereits im letzten Takt des Can-Can kennengelernt. Zusätzlich zum C-Akkord über vier Saiten greift der **Ringfinger** ❸ im **3. Bund** der A-Saite den Ton „c".

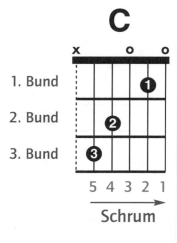

Am besten übst du ihn zunächst in der gleichen Weise. Das heißt, du zupfst zunächst mit dem Daumen den Ton „c" auf der **A-Saite** und schlägst dann den C-Akkord über vier Saiten an:

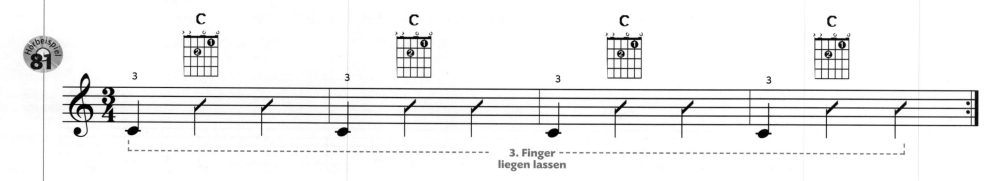

3. Finger liegen lassen

Streiche nun über alle fünf Saiten, während du den vollständigen C-Akkord gegriffen hältst:

76

Spiele nun folgenden Akkordwechsel als Vorübung zum nächsten Lied:

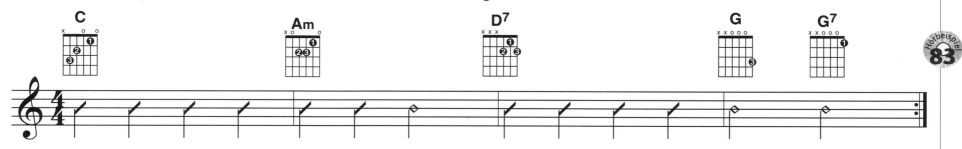

Wer will fleißige Handwerker seh'n?

Spiellied (mündlich überliefert)

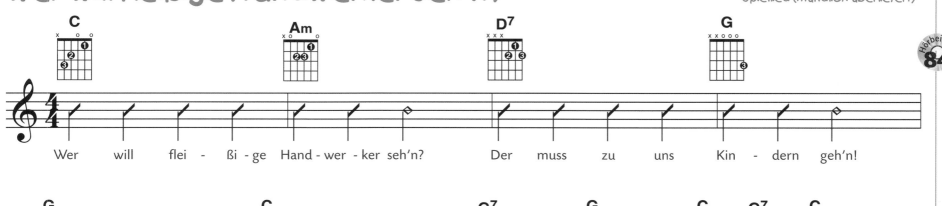

Wer will flei - ßi - ge Hand - wer - ker seh'n? Der muss zu uns Kin - dern geh'n!

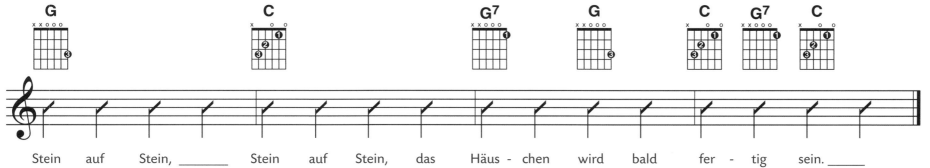

Stein auf Stein, _____ Stein auf Stein, das Häus - chen wird bald fer - tig sein. _____

77

Kleines Quiz 7

1. Trage ein, welche Finger auf welchen Saiten greifen! 🖉

Das tiefe „h"

1. Bund

2. Bund

3. Bund

Das tiefe „c"

1. Bund

2. Bund

3. Bund

Am
(über 5 Saiten)

1. Bund

2. Bund

3. Bund

Die richtigen Lösungen findest du im Internet auf www.gitarre-fuer-kinder.de!

2. Wie heißen diese Akkorde? Trage die richtige Akkordbezeichnung ein! 🖉

3. Zähle und klatsche den Rhythmus und trage die Zählzeiten unter den Noten ein!

Noten auf der sechsten Saite
Das tiefe „e"

Der Notenkopf des tiefen „e" liegt unter der dritten Hilfslinie unterhalb des Fünflinien- systems. Auf der Gitarre ist das die **sechste leere Saite**. Du brauchst also nicht zu greifen.

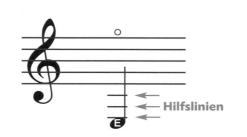

Hilfslinien

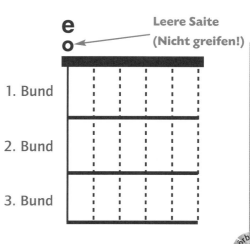

e

Leere Saite
(Nicht greifen!)

1. Bund

2. Bund

3. Bund

Sechs leere Saiten

E   A   D   A,   das   ei - ne   ist   klar: Sechs

Sai - ten   ich   seh: E   H   G   D   A   E.

Text & Musik: Tom Pold

Hohes E und tiefes E

Ho - hes   E,   tie - fes   E.   Fern   und   doch   so   nah!

Sai - te   eins   und   Sai - te   sechs.   Mit   E   werd' ich   zum   Star!

Rock in E
Text & Musik: Tom Pold

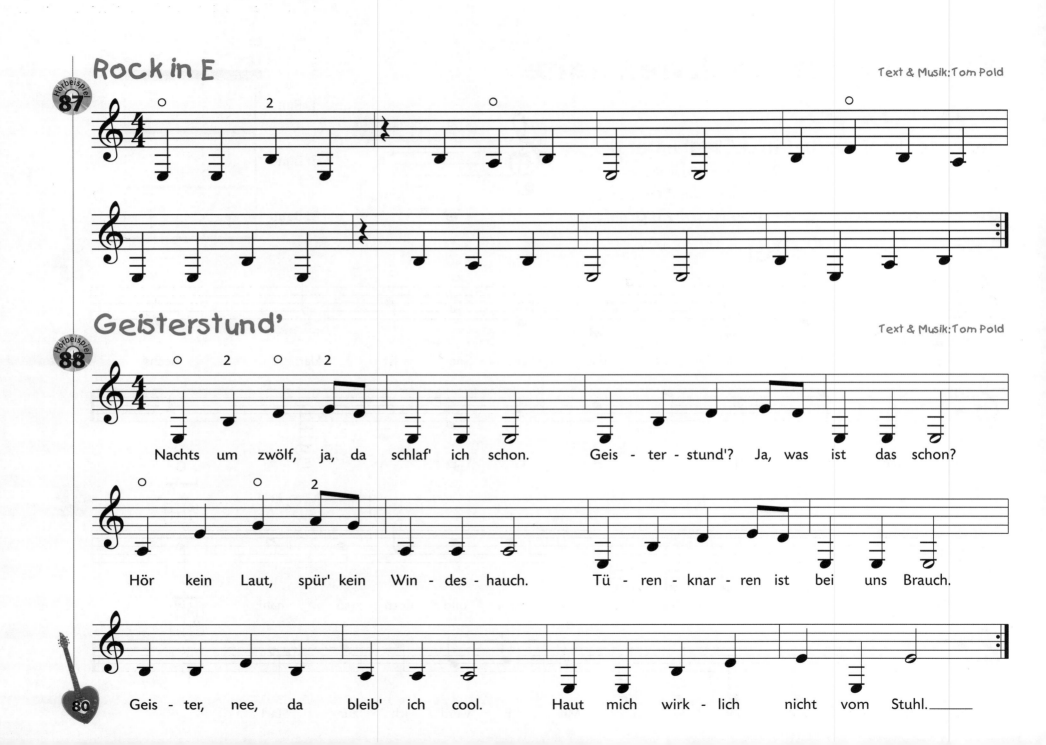

Geisterstund'
Text & Musik: Tom Pold

Nachts um zwölf, ja, da schlaf' ich schon. Geis - ter - stund'? Ja, was ist das schon?

Hör kein Laut, spür' kein Win - des - hauch. Tü - ren - knar - ren ist bei uns Brauch.

Geis - ter, nee, da bleib' ich cool. Haut mich wirk - lich nicht vom Stuhl.

Das tiefe „f"

Die Note auf der dritten Hilfslinie unter den Notenlinien ist das tiefe „f". Du greifst das tiefe „f" mit dem **Zeigefinger 1** im **ersten Bund** auf der tiefen E-Saite.

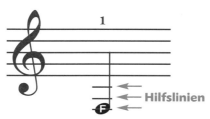

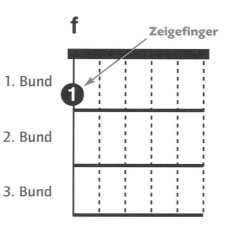

Alle Warm-Ups kannst du dir im Internet auf www.gitarre-fuer-kinder.de runterladen.

F-Warm-up

Laterne, Laterne

Martinslied

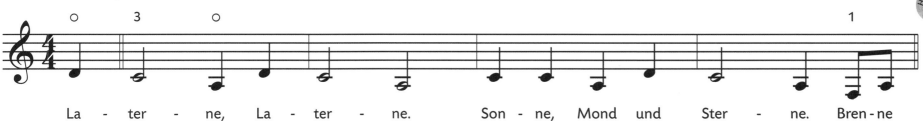

La - ter - ne, La - ter - ne. Son - ne, Mond und Ster - ne. Bren - ne

auf mein Licht, bren - ne auf mein Licht, a - ber nur mei - ne lie - be La - ter - ne nicht!

Das tiefe „g"

Die Note unter der zweiten Hilfslinie unter den Notenlinien ist das tiefe „g". Du greifst das tiefe „g" mit dem **Ringfinger** ❸ im **dritten Bund** auf der tiefen E-Saite.

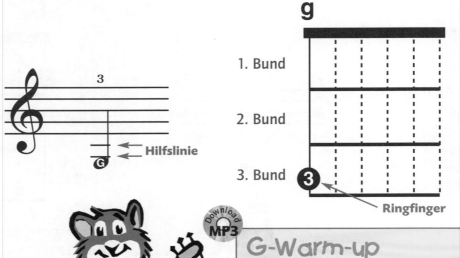

G-Warm-up

Alle Noten, die ich kenn'

Von der tiefs-ten bis zur höchs-ten No-te steig' ich auf-wärts, Fin-ger renn!

Und dann wie-der ab-wärts stei-gen ü-ber al-le No-ten, die ich kenn!

Die ganze Note

Der ganzen Note fehlt der Notenhals. Das unterscheidet sie von der halben Note.

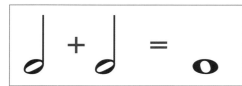

Die ganze Note wird **vier Viertelschläge** lang ausgehalten und ist damit doppelt so lang wie eine halbe Note.

Die ganze Note
(in Notenschreibweise)

kein Notenhals

Notenkopf

1 Ganze = 4 Viertelschläge

Klatsche und zähle laut mit!

Hörbeispiel 91

Zähle: 1   2   3   4   1   2   3   4   1   2   3   4   1   2   3   4

Atte katte nuwa

Volkslied aus Lappland

Hörbeispiel 92

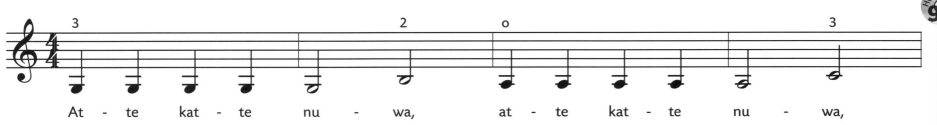

At - te   kat - te   nu - wa,   at - te   kat - te   nu - wa,

e - mi - sa   de - mi - sa   du - la   mi - sa   de.

Die Akkordbegleitung zu *Atte katte nuwa* findest du auf *Seite 30.*

Ein Spion ist nie zu sehen

Musik: R. Manus / L.C. Harnsberger
Deutscher Text: Tom Pold

Ein Spi - on ist nie zu se - hen. Ein Spi - on ist un - sicht - bar.

Auf der Lau - er, im - mer wach - sam, hält er Wa - che. Wun - der - bar!

Ob - ser - vie - ren kann er gut. Er steht im - mer Schmie - re.

Kein - ner weiß, was er g'rad' tut. Ein Dieb kann nur ver - lie - ren!

Das Abschlusskonzert
(Thema der 5. Sinfonie)

freinach:

Ludwig van Beethoven (1770 - 1827)

Hörbeispiel 94

Achtung:
Auftakt!
Du startest
auf Zählzeit
„2"!

Am

Zuordnungsspiele

Akkorde Zeichne einen Pfeil zwischen Griffdiagramm und dem dazugehörigen Akkordsymbol.

Noten Zeichne einen Pfeil zwischen Griffdiagramm und der dazugehörigen Note.

Die richtigen Lösungen findest du im Internet auf www.gitarre-fuer-kinder.de!

Akkorde:

1.
2.
3.
4.
5.
6.

G⁷
D⁷
G
C
Em
Am

Noten:

1.
2.
3.
4.
5.
6.

7.
8.
9.
10.
11.
12.

Liederverzeichnis

URKUNDE

für

_____

die/der den Gitarrenkurs

GARANTIERT GITARRE LERNEN

FÜR KINDER BAND 1

mit Erfolg durchgearbeitet hat.

Sie/Er ist damit bereit, mit BAND 2 fortzufahren.

Lehrer _____

Elternteil _____

Datum _____